ESSAI

SUR

LA THÉORIE DE L'IMPRÉVISION

THÈSE POUR LE DOCTORAT

(ÈS SCIENCES JURIDIQUES)

PAR

J. MAGNAN DE BORNIER

Docteur ès sciences politiques et économiques
Avocat à la Cour d'appel de Montpellier
Lauréat de la Faculté de droit de Montpellier

PARIS

JOUVE & Cⁱᵉ, ÉDITEURS

15, RUE RACINE, 15

1924

THÈSE

POUR

LE DOCTORAT

ESSAI

SUR

LA THÉORIE DE L'IMPRÉVISION

THÈSE POUR LE DOCTORAT

(ÈS SCIENCES JURIDIQUES)

PAR

J. MAGNAN DE BORNIER

Docteur ès sciences politiques et économiques
Avocat à la Cour d'appel de Montpellier
Lauréat de la Faculté de droit de Montpellier

PARIS

JOUVE & Cie, ÉDITEURS.

15, RUE RACINE, 15

1924

ESSAI

SUR LA THÉORIE DE L'IMPRÉVISION

INTRODUCTION

Il convient, croyons-nous, d'attirer l'attention dès le début de cet ouvrage sur une question de terminologie. Le mot *imprévision* convient assez mal pour désigner la théorie juridique qui s'est développée au cours de ces dernières années sous le nom de « théorie de l'imprévision ». Car l'*imprévision* peut provenir de deux causes absolument distinctes : l'*imprévoyance* de celui qui s'oblige, et tel sera le cas du fou ou du prodigue; l'*imprévisibilité* de certains événements, par exemple la hausse du cours d'une marchandise à la suite de contingences politiques.

L'imprévoyance est un élément essentiellement subjectif; elle fait partie du lot d'infirmités dont souffre l'humanité, et ne peut servir de base à d'autres prescriptions légales que celles nécessaires à la conservation du patrimoine des imprévoyants notoires. Les mesures de notre Code civil relatives aux diverses catégories d'incapables visent, en somme, l'imprévoyance.

L'imprévisibilité, au contraire, est un élément objectif de l'imprévision. Qu'un événement soit prévisible pour un homme ordinaire — celui que le Code appelle un « bon père de famille » — ou qu'il ne le soit pas, c'est un fait que l'on peut déterminer. Il n'est pas très difficile, en effet, de se rendre compte des prévisions que l'on pouvait normalement faire à un certain moment, surtout à notre époque : les collections de la presse d'information peuvent, à cet égard, fournir de précieux documents. D'autre part, le cours des marchandises relevé pendant des périodes assez étendues peuvent aider à faire connaître les variations qu'on pouvait considérer comme possibles au moment où l'on a pris un engagement contractuel.

Mais bien des faits, et des plus importants, ne sont pas prévisibles pour des hommes n'ayant qu'une information ordinaire. L'imprévisibilité de ces faits doit-elle avoir des conséquences sur l'exécution des contrats? C'est la question que nous voulons examiner ici. C'est pourquoi, nous aurions voulu pouvoir rompre un peu avec une tradition déjà ancienne, et donner pour titre à cet ouvrage : *Essai d'une théorie de l'Imprévisibilité en matière de contrats*, titre qui aurait mieux correspondu à la matière dont nous voulons traiter que le titre que nous avons adopté. Malheureusement, notre langue a parfois des bizarreries fâcheuses. Les mots *prévisibilité*, *prévisible, imprévisible,* sont français. Le terme *imprévisibilité,* lui, est un barbarisme. Nous le regrettons, car, bien certainement, « imprévision » dit beaucoup plus et beaucoup moins qu' « imprévisibilité ». Mais, si nous avons dû renoncer, par respect pour la langue française, à faire figurer ce dernier mot dans notre titre, nous avons dû cependant faire, à maintes reprises, usage de ce néologisme au cours de cet ouvrage. Nous voudrions que ce fût là notre moindre défaut !

Quelles sont donc les questions que fait naître l'imprévisibilité en matière de contrats ? Le problème peut, nous semble-t-il, se formuler ainsi :

Lorsque des circonstances imprévues et imprévisibles au moment de la conclusion du contrat rendent l'exécution de l'obligation extrêmement lourde et onéreuse, peut-on, avec justice, résoudre le contrat ou le modifier conformément aux besoins présents ? ou doit-on respecter absolument les termes de l'accord passé ?

En d'autres termes, le contrat doit-il être considéré comme un lien rigide, ou comme doué d'une certaine souplesse ? Tel va être l'objet de notre étude.

Nous nous proposons donc de rechercher quel est le fondement de la théorie du contrat rigide, et quelle est sa valeur : est-il absolument indispensable à l'ordre social et à l'intérêt des personnes, que le contrat soit absolument, intégralement intangible ?

Nous examinerons les données fournies par la loi française, et les applications qu'en ont faites les tribunaux tant de l'ordre judiciaire que de l'ordre administratif. Nous verrons la divergence qui s'est établie entre les jurisprudences de ces diverses juridictions, et nous essaierons d'en rechercher les causes. Cela nous amènera à rechercher quelle est l'utilité générale, le bien commun des hommes vivant en société; enfin, cela nous conduira à exposer la réforme que devrait subir notre législation pour devenir plus équitable.

Réforme délicate, d'ailleurs, et d'une réalisation difficile, il ne faut pas nous le dissimuler. L'admission de l'imprévisibilité comme cause de modification, ou, à l'occasion, de résiliation des contrats, se heurte aujourd'hui à beaucoup d'idées dont les gens honnêtes sont pénétrés. Le respect de la parole donnée, fort louable en lui-même, mais qui, en la circonstance, s'applique à faux; — l'opération intellectuelle qui pousse à identifier la chose et le mot qui la désigne, et qui engendre tant d'erreurs; et bien d'autres facteurs encore que nous n'avons pas la prétention d'énumérer, rendent la théorie de l'imprévision odieuse et scandaleuse pour beaucoup, d'honnêtes gens. Nous pensons que ces personnes font une erreur.

C'est de cette erreur que nous entreprenons la démonstration. Nous n'avons certes pas la prétention de vouloir changer la jurisprudence, ni, encore bien moins, la loi. Toute notre ambition est de rappeler que les textes législatifs et les recueils de jurisprudence ne contiennent pas tout. Alors que les textes demeurent immuables, la société se transforme, les nécessités économiques varient. Un désaccord de plus en plus grave s'établit ainsi entre la loi et la société qu'elle régit, et c'est une des causes du malaise social dont nous souffrons.

CHAPITRE PREMIER

LA RIGIDITÉ DU CONTRAT

I. — L'IDÉAL INDIVIDUALISTE

Chaque époque — c'est une banalité de le dire —
a un idéal plus ou moins différent de celui de l'époque précédente et de celui de l'époque qui suivra.
C'est ainsi qu'on peut constater que la seconde moi-
tié du xviiie siècle et la première moitié du xixe siècle forment une période d'individualisme, tandis que
la fin du xixe siècle et l'époque contemporaine mar-
quent, au contraire, autant que nous en pouvons
juger, une assez vive réaction contre un tel idéal.

Si l'on recherche les causes théoriques de cet individualisme, on s'aperçoit qu'elles se résument presque
toutes en une seule, qui est, ainsi que l'a démontré
Taine dans ses *Origines de la France contemporaine*,
l'abus de la généralisation. L'esprit classique, explique l'illustre philosophe, est essentiellement géné-
ralisateur : les classiques ne cherchent pas à étudier un cas spécial, intéressant en lui-même par les
problèmes psychologiques ou autres qu'il soulève,
mais qui lui sont particuliers ; ils s'efforcent au

contraire de trouver des sujets dans des cas généraux, susceptibles de permettre l'analyse de senti-
ments communs à toute l'humanité, d'intéresser ainsi
tous les hommes, et d'en faire, pour ainsi dire, une
affaire personnelle à chacun de ceux qui ont connaissance de l'œuvre, au lieu d'en faire seulement
pour eux un simple objet de curiosité.

Il n'y a qu'un pas de cette tendance généralisatrice
à la conception *a priori*, car, en généralisant, on est
trop souvent tenté de faire abstraction de tout ce qui
ne rentre pas étroitement dans le cadre de son étude;
on isole l'objet de ses observations; et comme, pour
étudier l'homme, on ne peut réaliser en fait l'iso-
lement de son sujet, on en vient à remplacer l'observation sur le vif par le raisonnement abstrait. On
crée ainsi un type humain qui n'est plus conforme
à la réalité, mais aux conclusions de raisonnements
sur l'humanité, ses vices et ses vertus. Le type ainsi
obtenu sera celui d'un homme isolé, sans milieu,
sans famille, livré sans aucun frein à toutes les pas-
sions et à tous les désirs; on aura ainsi conçu
l'homme en soi, éminemment libre, toujours égal à
lui-même dans tous les temps et dans tous les pays,
et absolument indépendant.

C'est à une telle conception que sont arrivés par
excès de généralisation les post-classiques; comme
les hommes subissent toujours d'une manière profonde l'influence de la littérature, ils en étaient arri-

nés à se persuader dans presque toutes les classes de la société et naturellement dans les classes intellectuelles, que l'homme type existait en réalité, alors qu'il n'était qu'une chimère philosophico-littéraire. Les philosophes, politiques et littérateurs de la fin du XVIIIe siècle et du début du XIXe s'en sont d'autant plus facilement convaincus que les conditions dans lesquelles s'effectuait la production, les difficultés que présentait le transport des marchandises, etc., réalisaient une certaine égalité économique. A ce moment précis, la situation de fait correspondait donc, dans ses grandes lignes, à l'idéal égalitaire né de l'abstraction philosophique. De cette concordance sont nés et les doctrines de l'Economie libérale, et l'esprit de nos lois.

D'autres raisons encore militaient en faveur d'une assez forte réaction contre la législation d'alors en faveur de l'individu. Tout n'était pas parfait dans l'organisation sociale de l'Ancien Régime. La législation, souvent vieille de plusieurs siècles, ne correspondait pas toujours aux besoins du moment; les corporations et leurs privilèges étaient trop souvent devenus tyranniques plus que tutélaires, et l'on sentait plus les entraves apportées à la Liberté dont on rêvait que la protection donnée aux libertés dont on vivait; depuis près de deux siècles, les privilèges de la noblesse avaient en grande partie perdu leur raison d'être; aussi toutes ces institutions an-

ciennes formaient en trop d'occasions un poids mort
comme rivé au régime qui avait su forger la France;
elles avaient besoin d'être réformées pour redevenir
utiles, mais sur le moment, elles choquaient un peu,
et les partisans de l'individualisme tiraient argument
de leur divergence avec les nécessités de la vie en
faveur de leur thèse.

C'est pourquoi nos aïeux cherchaient autre chose
que ce qu'ils avaient, et tout naturellement, pensè-
rent que le contraire de leurs institutions contenait
la vérité sociale. Et ils accueillirent avec faveur les
Physiocrates, puis les disciples d'Adam Smith ensei-
gnant que l'homme laissé libre, fait toujours de sa
richesse le meilleur emploi possible, que la libre
concurrence des producteurs entre eux peut seule
réaliser l'équilibre économique. Idées qui correspondaient bien aux principes des philosophes et aux
conceptions de nos jurisconsultes, formés à l'école
du Droit romain — de la raison écrite, comme ils
disaient — et cette école était, elle aussi, individualiste. Mais nos législateurs de l'époque révolution-
naire n'ont pas pensé à la différence considérable
qu'il y avait entre la société romaine et les sociétés
contemporaines; si la loi romaine est individualiste
et égalitaire, c'est peut-être parce qu'à l'origine, elle
était faite pour les pères de famille romains, représentant les intérêts de leur femme, de leurs enfants,
de leurs esclaves, de leurs clients même; c'est aussi

parce que, dans la cité romaine où la production était surtout servile, la question des rapports entre employeurs et employés ne se posait que très peu. Ces lois individualistes pouvaient convenir à la société qui les avaient faites, sans, pour cela, être en harmonie avec les nécessités d'une autre société, dont la vie économique est complètement différente.

Ainsi, l'idéal des philosophes était l'égalité et l'indépendance mutuelle des hommes; l'idéal des économistes était la liberté de la production et la libre concurrence; l'idéal des juristes était l'autonomie individuelle; et celui de la foule, résumant ces divers idéals, l'individualisme. Le Droit positif, destiné à organiser les rapports des hommes entre eux dans la cité, que l'on reconstruisait alors, devait se ressentir de cet état d'esprit.

II. — Le contrat rigide

Dans une telle société, imbue d'un idéal égalitaire, croyant à l'autonomie individuelle des hommes, et se trouvant dans une situation économique où cet idéal paraissait quelque peu correspondre à la réalité, il fallait cependant expliquer les rapports d'interdépendance que les hommes entretiennent nécessairement les uns avec les autres, et les justifier. Si un homme se trouve, à un moment donné, être dans une situation dépendante d'un autre, c'est parce qu'il l'a voulu; c'est qu'entre ces deux individus est survenu un accord, le *contrat*. Toute obligation, disait-on en effet, ne peut naître que du consentement de celui qui s'est obligé; c'est pourquoi il faut qu'il manifeste la volonté de s'engager à faire ou à ne pas faire; et, comme il est libre, la manifestation de sa volonté ne peut venir qu'après une mûre délibération, et une discussion avec sa contrepartie; c'est à la suite de cette discussion et de cette délibération qu'il peut librement manifester sa volonté. Et à partir du moment où l'accord des volontés a été réalisé, les contractants se trouvent irrémédiablement engagés.

De quelle sécurité, en effet, jouiraient les hommes dans les rapports qu'ils entretiennent entre eux si la stabilité, bien plus, si la rigidité du contrat n'était pas assurée ? La morale la plus élémentaire nous fait une obligation de ne pas manquer à l'engagement pris, à la parole donnée : la stabilité des rapports sociaux et leur tranquillité, donc l'intérêt public, demandent l'immuabilité de la volonté. Notre volonté doit être représentée par une ligne droite, et non par une courbe revenant à son point de départ : ce qui est fait est fait, et le contrat est un élément de fixation de la volonté tellement important qu'une seule volonté est impuissante à l'annihiler; il faut, pour le détruire ou le modifier, ce qu'il a fallu pour le former : le concours des deux volontés, à moins que l'exécution de l'obligation ne soit devenue *matériellement impossible;* en ce cas, bien entendu, celui qui s'est obligé ne saurait être forcé de tenir son engagement, puisqu'à l'impossible nul n'est tenu.

Il nous faut insister sur ce point que seule l'impossibilité matérielle absolue peut exonérer le débiteur de tous dommages-intérêts, à la condition toutefois qu'il n'y ait aucun dol de sa part. Tant que la prestation à accomplir est possible, quand ce serait au prix de la ruine totale du débiteur, elle doit être accomplie. La volonté manifestée par les contractants est devenue une loi pour eux : ils doivent s'exécuter ou payer des dommages-intérêts; sans cela, aucune sécurité n'est plus possible dans les rapports entre individus.

III. — Les principes du Code civil

Telles sont les idées qui avaient cours au début du siècle dernier; nous les trouvons fidèlement reproduites par notre Code civil, en ses articles 1134, 1148 et 1184 :

Art. 1134. — *Les conventions légalement formées tiennent lieu de loi à ceux qui les ont faites. — Elles ne peuvent être révoquées que de leur consentement mutuel, ou pour des causes que la loi autorise. — Elles doivent être exécutées de bonne foi.*

Art. 1148. — *Il n'y a lieu à aucuns dommages et intérêts, lorsque, par suite d'une force majeure, ou d'un cas fortuit, le débiteur a été empêché de donner, ou de faire ce à quoi il s'était obligé, ou a fait ce qui lui était interdit.*

Art. 1184. — *La condition résolutoire est toujours sous-entendue dans les contrats synallagmatiques, pour le cas où l'une des deux parties ne satisfera point à son engagement. — Dans ce cas, le contrat n'est point résolu de plein droit.* LA PARTIE ENVERS LAQUELLE L'ENGAGEMENT N'A POINT ÉTÉ EXÉCUTÉ, A LE CHOIX OU DE FORCER L'AUTRE A L'EXÉCUTION DE LA CONVENTION LORSQU'ELLE EST POSSIBLE, OU D'EN DEMANDER LA RÉSOLUTION AVEC DOMMAGES ET INTÉRÊTS. — *La résolution doit être demandée en justice, et il peut être accordé au défendeur un délai selon les circonstances.*

Ainsi, le Code civil consacrait le principe de la rigidité des conventions. C'était la conséquence de la reconnaissance de la libre concurrence comme nécessité économique, de l'égalité civile et de l'autonomie des personnes, et de la nécessité où s'était trouvé le législateur de fixer la volonté des contractants, puisque, seule, cette volonté pouvait produire des effets juridiques. L'homme, au moment où il passait un contrat, était donc censé avoir calculé toutes les chances de gain ou de perte qui pouvaient résulter pour lui de son acte. Il devait, de plus, avoir prévu, ou à peu près, tous les événements qui pourraient, un jour venant, modifier les circonstances dans lesquelles devait s'exécuter le contrat.

Nous devons cependant signaler ici l'article 1150 du Code civil, d'après lequel le débiteur ne peut être tenu que des dommages-intérêts *qu'il a pu prévoir* au moment de la conclusion du contrat, lorsque l'inexécution de l'obligation ne résulte pas de son dol. Certains auteurs (1) déclarent que l'article 1150 ne s'applique qu'au cas où la *cause* même de l'inexécution a été imprévue et normalement imprévisible. Malgré l'autorité de ces jurisconsultes, il semble cependant que chaque fois qu'un événement imprévu fait monter à un taux considérable les dommages-intérêts dus pour cause d'inexécution de l'obligation, ils doivent être réduits à la somme qui avait normalement pu être prévue. C'est ce qui paraît clairement ressortir du commentaire dont Pothier (2) accompagne la règle de la réduction des dommages-intérêts pour cause de survenance d'événements imprévus, et c'est de son *Traité des Obligations* que les rédacteurs du Code ont tiré l'article 1150. C'est également à cette opinion que se rallient MM. Aubry et Rau (3).

1. Colmet de Santerre, t. V, n° 66 *bis*, 3 et 4. — Demolombe, t. XXIV, n°s 590-595. — Baudry-Lacantinerie et Barde, t. I, n° 486. — Laurent, t. XVI, n°s 289-293. — Huc, t. VII, n° 148.
2. Pothier, *Traité des Obligations*, t. II, n°s 159-165.
3. Aubry et Rau, *Cours de droit civil français*, 5° éd., t. IV,

Ce que nous voulons examiner ici, c'est tout d'abord l'application du principe de la rigidité du contrat; en deuxième lieu, les atteintes qui ont été portées à ce principe par la jurisprudence ou la loi; enfin, si cette rigidité du contrat paraît essentielle, ou si, au contraire, il ne conviendrait pas de reconnaître au contrat une certaine souplesse qui le mettrait mieux en harmonie avec les nécessités d'une époque économique troublée.

§ 3o8, p. 171, texte et note 41. — Voir encore à ce sujet la thèse très documentée de M. Fyot, *Essai d'une justification nouvelle de la théorie de l'Imprévision* (Dijon, 1921) où l'on trouvera une discussion extrêmement serrée du problème posé par l'article 1150 du Code civil, et des controverses auxquelles ce texte a donné lieu.

CHAPITRE II

LA FORMATION JURISPRUDENTIELLE
DE LA « THÉORIE DE L'IMPRÉVISION »

SECTION I. — LA JURISPRUDENCE CIVILE

§ 1. — *Le maintien de la rigidité du contrat par la Cour de Cassation*

Les principes de notre Code, tels que nous venons de les exposer, peuvent se résumer ainsi : toute obligation naît de la volonté de celui qui s'est obligé et de la volonté de celui envers qui il s'est obligé; elle est donc engendrée par un double élément subjectif, *l'accord de volonté*, contre lequel rien ne peut prévaloir, sinon un accord de volontés inverse, ou une impossibilité matérielle d'exécuter la convention.

Ce sont ces principes que le juge devait appliquer, et il le fit strictement pendant de longues années. Cependant, en 1854, il y eut de la part de certaines Cours d'appels une tendance à admettre que la survenance de faits imprévus et bouleversant l'économie du contrat pouvait être une cause de résolution de l'obligation. Des arrêts furent rendus dans les circonstances suivantes :

Des jeunes gens s'étaient assurés contre le tirage au sort de leur classe, et leurs assureurs devaient, en cas de malchance, leur fournir un remplaçant. Or, la guerre de Crimée survint, et le contingent de la classe 1853 fut beaucoup plus élevé que ne le comportaient les prévisions normales. En conséquence, les assureurs refusèrent de remplir leur obligation, disant qu'ils avaient traité dans des conditions déterminées et que l'économie de leur contrat d'assurance se trouvait absolument bouleversée par la levée d'un contingent exceptionnel. Plusieurs Cours d'appel leur donnèrent raison (1).

Cette jurisprudence ne fut nullement admise par la Cour de cassation (2), et l'on dut en revenir à l'application pure et simple de l'article 1148 du Code civil : il fallait l'*impossibilité matérielle absolue* pour que le débiteur pût se soustraire à l'exécution de l'obligation. On pourrait citer en ce sens un grand nombre d'arrêts et de jugements. Signalons seulement, à titre de curiosité, un arrêt rendu dans les circonstances suivantes :

Au XVIe siècle, un propriétaire foncier avait construit un canal d'irrigation, s'engageant à l'entretenir

---

1. Paris, 3 arrêts, 28 mai 1854. D.1854.2.129. — Rouen, 3 juin 1854. D. 1854.2.131. — Grenoble, 18 août 1854. D.1855.2.78. — Douai, 3 mai 1854. D.1854.2.130. — Rennes, 2 arrêts, 12 juin 1854. D.1854.2.131.

2. Cass., 9 janvier 1856. D.1856.1.133. — Cass., 2 avril 1856. D.1856.1.100-101.

J. Magnan de Bornier   2

moyennant une redevance de 3 sols par mesure de terrain à arroser. Un des arrière-successeurs de ce propriétaire, trouvant que les trois sols — en notre monnaie 0 fr. 30 — ne suffisaient pas à couvrir les frais d'entretien du canal, demanda et obtint devant le tribunal et devant la Cour d'Aix-en-Provence le relèvement de la redevance. Par arrêt du 6 mars 1876 (1), la Cour de cassation cassa l'arrêt de la Cour d'Aix, parce que « *dans aucun cas il n'appartient aux tribunaux, quelque équitable que paraisse leur décision, de prendre en considération le temps et les circonstances, pour modifier les conventions des parties et substituer des clauses nouvelles à celles qui ont été librement acceptées par les parties* ».

Ainsi, rien n'a pu faire varier la ligne de conduite adoptée en cette matière par la Cour de cassation, ni les circonstances exceptionnelles, ni la guerre de 1870, ni même celle de 1914 (2). A l'encontre de cette jurisprudence rigoureuse si bien établie, nous

1. D. 1876.1.161.
2. Voir en ce sens : Caen, 28 juillet 1827. D. 1828. 2. 145. — Caen, 8 juillet 1852. S. 1853. 2. 126. — Bordeaux, 26 août 1852. S. 1853. 2. 34 ; D. 1853. 2. 105. — Lyon, 8 avril 1853. S. 1853. 2. 397; D. 1853. 2. 469. — Comm. Seine, 7 déc. 1870. D. 1870. 3. 116. — Comm. Seine, 2 janvier 1871. D. 1871 2. 79. — Rouen, 19 mai 1871. D. 1872. 2. 179. — Nancy, 14 juillet 1871. D. 1871. 2. 168. — Paris, 2 décembre 1871. D. 1872. 5. 307. — Comm. Rouen, 27 mars 1871. D. 1871.3.54. — Req., 19 nov. 1872. S. 1873.1.434. — Nîmes, 25 mars 1873 et Req., 20 avril 1874. D. 1874. 1. 329. — Cass., 19 novembre 1873. S. 1873. 1. 430. — Cass., 21 janvier

ne pouvons guère citer, comme jurisprudence récente
défavorable en tout ou en partie à la rigidité du contrat, que quelques jugements. Le plus ancien est

1874. D. 1874. 1. 170. — Cass., 24 mars 1874. S. 1874. 1. 429. —
Req,, 27 janvier 1875. D. 1875. 1. 264. — Hazebrouck, 18 janvier 1890. D. 1891. 3. 24. — Cusset., 22 janvier 1915. D. 1916. 2. 53.
— Seine, 20 janvier 1915. S. 1916. 2. 52. — Seine, 9 février
1915. D. 1917. 2. 6; S. 1916. 2. 83. — Comm. Perpignan, 5 février 1915. D. 1915. 5. 3. — Caen, 24 février 1915. D. 1916. 2. 22. —
Comm. Seine, 9 mars 1915. D. 1916. 2. 22. — Orléans, 29 avril
1915. La Loi, 20 mai 1915. — Seine, 1er mai 1915. Gaz. Trib.,
1915. 2. 20. — Comm. Seine, 11 mai 1915. D. 1917. 2. 47. — Seine,
7 juin 1915. D. 1916. 2. 83. — Comm. Seine, 15 juin 1915. D.
1916. 2. 22. — Orléans, 24 juin 1915. D. 1916. 2. 104. — Seine,
3 juillet 1915. Gaz. Trib., 14 juillet 1915. — Trib. Rouen, 27 juillet 1915. Gaz. Trib., 1916. 2. 414. — Cass., 4 août 1915. D.
1916. 1. 22 ; S. 1916. 1. 17, et la note de M. Wahl. — Seine,
24 novembre 1915. Gaz Trib., 28 nov. 1915. — Paris, 8 janvier
1916. S. 1916. 2. 39. — Seine, 25 mai 1916. D. 1917. 2. 6. — Caen,
15 novembre 1916. D. 1918. 2. 4. — Paris, 21 déc. 1916. D.
1917. 2. 33, avec la note de M. Capitant. — Seine, 24 novembre 1917. Gaz. Trib., 19 juin 1918, etc., etc.

Tous ces arrêts se rapportent à des espèces où des difficultés imprévues étaient survenues du fait d'augmentation
de tarifs douaniers, de difficultés des transports, de la guerre,
et en général de faits absolument imprévus au moment de la
conclusion du contrat. Nous renvoyons d'ailleurs pour un
exposé plus complet de la jurisprudence civile à la thèse de
M. Louveau, *Théorie de l'imprévision en droit civil et en
droit administratif*, Rennes, 1920.

Nous signalons cependant qu'il est curieux de rapprocher
certains arrêts et jugements que nous venons de citer à la
jurisprudence du Conseil d'État en des espèces analogues;
notamment, il est intéressant de rapprocher l'arrêt de Nîmes
du 25 mars 1873 et celui de la Chambre des Requêtes du
20 avril 1874, de l'arrêt du Conseil d'État du 3 février 1905, *Ville
de Paris contre Michon*, dont nous parlerons à la section suivante.

Remarquons que la jurisprudence française est conforme à

celui du Tribunal de Commerce de Toulouse en date du 1er juin 1915 (1), déclarant que si les engagements doivent être exécutés conformément à la convention, il faut néanmoins que cette exécution puisse s'opérer dans les conditions inhérentes à la vie économique normale, telle qu'elle se déroulait

la grande majorité des décisions des juridictions étrangères, appliquant des lois dont l'esprit est le même que celui de notre code, notamment à la jurisprudence italienne. A ce sujet, cf. l'article de M. Wahl, *la Guerre considérée comme force majeure, spécialement en matière de vente de marchandises,* in *Revue trimestrielle de droit civil,* 1915, p. 383 sq., et l'article de M. Serbesco, *Effets de la guerre sur l'exécution des contrats,* même revue, 1917, p. 349 sq.

1. D. 1916.2.112. — Dans le même sens: Anvers, 8 août 1870, *Pandectes belges* V° Affrètement, n° 143. — Parme, 23 juillet 1912, *Guirisprud. italiana,* 973. — Voir encore: Paris, 8 janvier 1916 S. 1916. 2. 39 (suspension d'un marché pour survenance d'une cause imprévue); Seine, *Gaz. Trib.,* 29 mai 1916. — Gap., 5 mai 1922. *Gaz. Palais,* 12 juillet 1922. (Ce jugement après avoir dit « qu'il paraît difficile de mettre les bailleurs dans l'obligation de supporter aujourd'hui une charge double de celle qu'ils avaient prévue et voulue assumer au moment où le bail a été passé », et fait appel au principe que nul ne peut s'enrichir aux dépens d'autrui, contient la déclaration suivante : « Attendu que les époux C... objectent, il est vrai, que les conventions font la loi des parties et qu'il ne peut y être porté atteinte, quelles que soient les circonstances qui ont pu se produire ultérieurement à leur passation ; — Mais attendu que s'il est possible de prévoir certaines éventualités, telles que de graves perturbations économiques ou même une guerre susceptible de modifier dans une certaine mesure la situation des parties, et dont ces dernières ne sauraient se prévaloir pour solliciter une compensation, *il est par contre inadmissible d'admettre qu'une guerre de cinq ans, avec des conséquences incalculables, ne soit pas de nature à entraîner certaines modifications dans les conventions intervenues entre les parties.* »)

au moment de la conclusion de l'accord; que, si la vie normale est bouleversée par des événements imprévus, on peut, en obligeant les commerçants et les industriels à observer les conventions, les placer dans des situations extrêmement critiques. Dans le même sens, on peut encore citer un arrêt rendu le 20 janvier 1916 par la Cour d'appel de Montpellier (1). Mais ce furent là des manifestations isolées; la quasi-unanimité des arrêts et jugements qui ont été prononcés depuis la guerre sur la matière de la force majeure se sont cantonnés dans la stricte observation du texte et de la lettre du Code, respectant ainsi l'idéal du législateur de 1804; et l'on peut se de-

1. Comme cet arrêt n'est, à notre connaissance, rapporté dans aucun recueil, en voici les attendus intéressants :

« Attendu qu'ainsi le préjudice total subi par B... doit être fixé à la somme de 24.000 francs ; mais qu'il reste à examiner si, dans les conditions particulières où l'inexécution s'est produite F... doit être déclaré responsable de l'intégralité de ce dommage ;

« Attendu que si l'état de guerre n'est pas en lui-même d'une manière générale et absolue un cas de force majeure permettant à lui seul de dégager le débiteur de tous dommages-intérêts pour inexécution de ses obligations, et si par suite il n'y a pas lieu d'appliquer en l'espèce l'article 1148 du Code civil, il n'en est pas moins certain que cet état de guerre peut créer une situation, qui, dans des circonstances déterminées, sera de nature à être utilement invoquée par le débiteur en vertu de l'article 1147 ;

« Attendu, en effet, que ce texte prévoit le cas d'une inexécution provenant de toutes causes étrangères au débiteur, et qui ne peut lui être imputée : que dans ce cas les tribunaux, par une appréciation souveraine des faits, peuvent suivant les circonstances soit atténuer, soit même supprimer les dommages dont est, en principe, tenu le débiteur... »

mander si ce qui a été le Droit du siècle dernier ne serait plus le Droit de nos jours ? C'est ce que l'on peut encore mieux se demander lorsqu'on a examiné la question des baux à cheptel et les solutions qui lui ont été données par la jurisprudence. C'est à cet examen que nous allons consacrer le paragraphe suivant.

§ 2. — *La question des baux à cheptel*

Rappelons que le bail à cheptel est une convention par laquelle une personne met à la disposition d'une autre personne un certain nombre de bestiaux, à charge pour celle-ci de les entretenir, sous des conditions arrêtées entre elles (1). Ces conditions peuvent être variées, mais la loi les ramène à quatre types, assez strictement réglementés; l'une de ces variétés du bail à cheptel, le bail à *cheptel de fer*, a suscité entre les contractants des difficultés au sujet desquelles on a invoqué la théorie de l'imprévision.

D'après ce contrat, tel qu'il est réglementé par le Code, le preneur doit, en fin de bail, laisser un bétail « d'une valeur égale au prix de l'estimation de celui qu'il aura reçu » (2). Le bétail reste la propriété du bailleur, mais il est administré par le preneur qui supporte tous les risques de perte, même des pertes dues à des cas fortuits; à la fin du bail, il doit res-

1. Code civil, art. 1800.
2. Code civil, art. 1821.

tituer un cheptel d'une valeur égale à celle du bétail
qu'il a reçu; s'il y a du déficit, il doit le payer;
mais par contre, s'il y a du gain, il en profite intégralement (1). Tel est l'exposé général du système
qui peut être modifié dans ses détails par des conventions particulières.

Des contestations entre bailleurs et chepteliers sont
survenues chaque fois que le prix du bétail a considérablement augmenté à la suite d'une crise quelconque, venant de ce que le prix d'estimation établi
au moment de la convention ne correspond plus au
prix réel du bétail à la fin du bail. Les propriétaires
veulent reprendre un bétail identique à celui qu'ils
ont livré; les fermiers, ayant reçu un cheptel apprécié
à une certaine valeur en monnaie, prétendent ne
devoir rendre qu'un bétail ayant la même valeur et
que le reste, constituant le profit prévu par l'article 1826, leur appartient (2).

Même en admettant que la valeur fixée au moment de la conclusion du bail à cheptel de fer soit

1. Code civil, art. 1826.
2. Nous ne pouvons pas nous préoccuper ici du sens à donner
à l'expression *valeur d'estimation* employée par l'article 1821
du C. civ. Est-ce la valeur en monnaie qu'a voulu indiquer le
législateur ? Ou la valeur de culture ? Cette question intéressante est trop en dehors de notre sujet pour que nous puis-
sions l'aborder, et nous ne pouvons que renvoyer aux
ouvrages spéciaux. — Cf. également, J. Valéry, note sous
Trib. civ. Saint-Affrique, 16 mars 1921, *Gaz. Pal.*, 21 avril 1921
et H. Bozon, *la Question des cheptels*, Limoges, 1922.

la valeúr en argent, est-il raisonnable et équitable que le fermier puisse garder comme étant un des profits du troupeau l'excédent de valeur représenté *par le bétail reçu*, cette valeur ayant augmenté hors de toute proportion prévisible, à la suite de circonstances imprévisibles survenues au cours du bail ?

Nous avons exposé la situation dans laquelle se trouvent les parties ; le bailleur demeure propriétaire du cheptel qu'il constitue ; les termes de l'article 1826 sont formels à cet égard ; ajoutons encore, qu'aux termes de l'article 522, ce cheptel devient immeuble par destination. En conséquence, il a été jugé que les créanciers du bailleur en saisissant l'immeuble auquel sont attachés les animaux, saisissent nécessairement le cheptel, sans même qu'il soit nécessaire de les désigner dans le procès-verbal de saisie (1) ; le fermier, lui, n'a aucun droit de propriété sur ces animaux, et ses créanciers sont impuissants à les saisir (2).

Or, en cas de hausse du bétail, les fermiers manifestent la prétention de ne rendre qu'un cheptel ayant la même valeur, en monnaie, que celui qu'ils ont reçu ; ils estiment ainsi que la hausse du prix des bestiaux doit être considérée comme un fruit naturel du troupeau : par exemple, ayant reçu 12 bœufs valant 6.000 francs en 1913, ils s'estiment libérés

1. Riom, 12 janvier 1878.
2. Req., 6 mai 1905. D. P., 1905. 1. 429.

en laissant au propriétaire 4 bœufs valant 6.000 fr. en 1920.

Ce raisonnement, dans la période que nous traversons surtout, nous paraît complètement erroné; il a le grave défaut de ne pas tenir compte d'un fait, celui des fluctuations de la valeur de la monnaie. Il n'y a pas identité entre 500 francs payés en or, ou en billets échangeables contre de l'or, et 500 fr. payés en papier ayant cours forcé. La valeur en monnaie d'un troupeau n'est donc pas la même aujourd'hui qu'en 1913; il y a lieu de tenir compte du change, tout comme pour le règlement des dettes internationales.

C'est pourquoi certaines personnes ont pensé que la théorie de l'imprévision pourrait donner une solution équitable de la question des baux à cheptel : la guerre, événement imprévu au moment de la conclusion du contrat, a amené une conséquence imprévisible au même moment : la diminution du pouvoir d'achat de la monnaie. Il y aurait donc lieu, équitablement et raisonnablement, d'admettre que l'imprévision des faits par les parties doit amener une modification de l'estimation du cheptel par les parties; ainsi, nul ne se trouverait lésé.

Mais ici comme dans les autres faits que nous avons exposés, la théorie de l'imprévision se heurte au principe de la rigidité du bien contractuel; il faudrait *interpréter* la convention des parties, la modifier, et la jurisprudence civile se refuse ce pouvoir ; le contrat fixe une certaine somme de francs ; le créancier recevant cette somme n'a aucune réclamation à faire, quelle que soit la valeur du franc.

Malgré tout, on est quelque peu étonné de voir la jurisprudence s'engager dans cette voie. Un arrêt de la Cour de Lyon, du 11 juin 1874 (1), a en effet déclaré que c'était un bétail de *même prix* que devait rendre le fermier, et a permis à celui-ci de prélever une partie du troupeau, par suite de l'accroissement de sa valeur. C'est dans ce sens étroit que nombre de Cours d'appel ont orienté leur jurisprudence. Non sans résistance, cependant, aussi bien dans la doctrine que dans la jurisprudence. Certains tribunaux, en effet, ont estimé qu'il y avait lieu de transformer les francs-papier en francs-or. C'est ce qu'ont fait les tribunaux de Saint-Yriex et de Guéret (2). Mais nous devons noter que M. Hugueney, dans sa note au Sirey sous l'arrêt de la Cour de cassation du 6 juin 1921 (3), désapprouve ce procédé.

D'autres tribunaux ont invoqué la théorie de l'imprévision. C'est ce qu'ont fait le tribunal de Villefranche de Rouergue, et la Cour de Toulouse (4), dans l'affaire Saint-Pé-Bacou. Nous trouvons en

1. S. 1874. 2. 308.
2. Saint-Yriex. S. 1920.2.44. — Guéret, *Gaz. Pal.*, 1921.2. 589.
3. S. 1921.1.193, et suiv.
4. 5 juillet 1920. *Gaz. Pal.*, 1921.1.65.

effet dans l'arrêt de Toulouse les considérants que voici :

« Attendu que les termes de cette clause, clairs et précis en apparence, ne peuvent se concilier avec la nature du contrat et l'intention évidente des parties; *qu'il est certain que celles-ci n'ont prévu, dans l'expression de leur volonté, que l'augmentation normale du cheptel qu'elles avaient vu se produire pendant les années précédentes, et non l'augmentation absolument anormale et extraordinaire résultant de la guerre de 1914;* que cette augmentation, on ne peut dire que leur volonté a été de l'attribuer tout entière au premier; *qu'il est non moins certain que si les parties avaient connu cet avenir elles n'auraient pas contracté, ou l'auraient fait dans des conditions différentes...* (1). »

Cet arrêt ayant été déféré à la Cour de cassation, M. le conseiller Colin déposa à son sujet un rapport dans lequel nous relevons les passages suivants :

« Comment l'arrêt attaqué a-t-il pu écarter la solu-

---

1. Notons encore un jugement du tribunal de Saint-Affrique, du 16 mars 1921 (*Gaz. Pal.*, 21 avril 1921) d'après lequel le fermier doit rendre le cheptel qu'il a reçu, et disant que la seule différence dont il doive être tenu compte est celle de la valeur culturale ou de rendement des bêtes reçues et des bêtes rendues. Pour cela, le tribunal charge des experts de comparer la valeur du bétail rendu et celle du bétail reçu, en se basant sur l'estimation figurant au bail de 1914, « en la comparant au cours de cette époque, et ce uniquement pour en déduire avec certitude la valeur intrinsèque du cheptel à ladite date ».

tion traditionnelle consacrée par des textes formels et par une interprétation constante ? Par une application, en somme, de la théorie de l'*imprévision*. Certes, il se garde de s'approprier la thèse étrange du tribunal de première instance, consistant à dire que la loi ne pouvait être appliquée parce que le législateur, en l'édictant, n'avait pu prévoir le cataclysme mondial déchaîné par la guerre de 1914, et ses répercussions économiques. Et la Cour de Toulouse proclame en termes très corrects que les juges ont le devoir d'appliquer la loi, même si elle leur paraît être devenue « léonine et mauvaise ». Mais l'arrêt attaqué fait état de l'imprévision, non pas du législateur, mais des parties. En convenant que le preneur ne rendrait compte à la sortie que de la valeur d'estimation initiale, en espèces ou en nature, au choix du propriétaire, les contractants ne pouvaient songer, dit-il, qu'à des fluctuations de valeur normales et ordinaires, telles que celles qu'ils avaient vues se produire dans les années qui avaient précédé la conclusion du bail...

« Or, la thèse consacrée se heurte, soutient le pourvoi, aux principes les plus certains et aux considérations les plus élémentaires.

« D'abord, au principe essentiel du respect dû aux contrats librement consentis (art. 1134). Ce principe a pu recevoir quelques atteintes de la législation pendant la guerre. Mais, si l'on doit s'incliner devant la volonté du législateur, lorsqu'elle s'est manifestée dans des textes formels tels que ceux qui sont intervenus à propos de certains contrats spéciaux... le juge n'a pas le droit de le suppléer. Or, à tort ou à raison, le législateur, quoique n'ignorant pas la crise du bétail et l'élévation actuelle des prix, n'a pas cru devoir intervenir sur la matière. Elle reste donc sous l'empire du droit commun (1). »

C'est ce qu'estima la Cour de cassation, et elle rendit un arrêt dans lequel il est dit « que les conventions légalement formées tiennent lieu de loi à ceux qui les ont faites, et qu'*aucune considération d'équité n'autorise le juge, lorsque ces conventions sont claires et précises, à modifier, sous prétexte de les interpréter, les stipulations qu'elles renferment* ». C'était donc encore une fois le maintien de la rigidité absolue du lien contractuel, et toutes ses conséquences néfastes (2).

* * *

La théorie de l'imprévision est, avons-nous dit, de formation jurisprudentielle : c'est sur ce terrain de la réalité, de l'application de la loi aux faits, que l'on a pu s'apercevoir du danger, de l'injustice même,

---

1. Cf. *Gaz. Pal.*, 1921.2.622.
2. Dans le même sens, Cass., 30 mai 1922. *Gaz. Pal.*, 5 juillet 1922.

de la trop stricte application de la lettre et de l'esprit du Code. Nous venons cependant de voir que la Cour de cassation était demeurée fidèle à l'étroite observation non seulement de la pensée, mais encore du texte littéral du législateur de 1804, et que, selon sa jurisprudence, seul un empêchement absolu d'exécuter l'obligation pouvait libérer le débiteur sans qu'il soit obligé au paiement de dommages-intérêts. Nous devons cependant remarquer que les juges du fait ont plusieurs fois tenté, mais sans succès, de se libérer de cette trop stricte légalité, de ce servage du texte. Sans doute, plus près de la réalité, voyaient-ils plus que les juges du Droit les répercussions fâcheuses de la rigidité du lien contractuel. Mais les tentatives des juges pour se libérer ont été rares, très rares, et l'on peut dire d'une manière générale, que les juridictions civiles et commerciales se sont montrées franchement hostiles à l'admission de l'imprévision comme cause de résolution ou de modification des contrats.

Cette jurisprudence peut s'expliquer par plusieurs faits : notamment, parce que, jusqu'à ces dernières années, les contrats entre particuliers produisant des effets pendant de longues périodes étaient relativement rares ; qu'étaient aussi relativement rares les obligations dont l'exécution intégrale pouvait entraîner la ruine totale de l'un des contractants ; et encore cet autre fait, que la magistrature civile reçoit une formation extrêmement traditionnelle, et que la stricte interprétation de la loi lui paraît le premier de ses devoirs, sans qu'elle ait à rechercher dans quelle mesure cette stricte interprétation est conforme à l'utilité et à la nécessité de la société; or, dit l'article 1134, les conventions légalement formées tiennent lieu de loi à ceux qui les ont faites; elles sont donc intangibles pour le magistrat, qui n'est qu'un tiers à l'égard des parties. Sa volonté ne peut s'imposer à la leur, et encore moins se substituer à la leur. Tant que la convention existe, et elle existera tant qu'un accord de volonté ou l'exécution de l'obligation ne l'aura pas résolue, le juge devra la faire respecter, quelles que soient ses conséquences. *Dura lex, sed lex*, et il faut s'incliner. A ce sujet encore le principe fondamental de nos Constitutions depuis 1789 de la séparation du pouvoir législatif et du pouvoir judiciaire, interdisant de la manière la plus formelle aux magistrats de juger les lois qu'ils appliquent, a exercé une influence certaine sur la jurisprudence de la Cour de cassation et des Cours et tribunaux. Aussi, en définitive, trouvons-nous bien dans cette jurisprudence quelques indications, mais aucune réaction réelle et profonde contre le maintien de la rigidité du contrat.

Section II. — La jurisprudence administrative

C'est donc dans la jurisprudence du Conseil d'Etat que nous verrons se former la *théorie de l'imprévision* et que nous en verrons les applications. Ici en effet, nombreux sont les travaux de grande importance, au cours desquels peuvent plus facilement qu'au cours de travaux exécutés pour des particuliers, surgir des circonstances imprévues et imprévisibles au moment de la conclusion du contrat; nombreuses sont les conventions conclues pour de très longues périodes; ici aussi, d'une manière plus évidente que dans les rapports entre particuliers, apparaît la notion d'*utilité sociale*, qui domine toute la matière que nous traitons, — aussi bien pour les contrats entre particuliers que pour ceux intéressant l'Administration.

I. — *L'imprévisibilité et les adjudications de fournitures ou de travaux publics*

C'est depuis longtemps, déjà, que la survenance d'événements imprévus et imprévisibles au moment du contrat a été admise par le Conseil d'Etat comme pouvant donner lieu à indemnité en faveur de l'entrepreneur placé dans des circonstances défavorables du fait de ces événements. C'est ainsi que par un arrêt du 3 décembre 1817 (1), la haute juridiction administrative déclarait que « bien que dans une adjudication de transport, l'évaluation des quantités à transporter ait été faite par approximation seulement, et sans garantie du plus ou du moins, il est dû cependant une indemnité aux adjudicataires, si les quantités transportées sont en disproportion évidente avec le chiffre prévu ».

Nous devons cependant remarquer que quelques-uns des arrêts classés comme admettant la théorie de l'imprévision, visent bien la survenance d'événements imprévus, mais imputables à l'Administration. Et cela, même dans la rigueur du régime civiliste, pourrait faire attribuer une indemnité à l'entrepreneur. Ainsi, l'administration de l'armée adopte un nouveau modèle de poêles, réduisant la consommation du combustible; l'adjudicataire qui s'était engagé à fournir celui-ci à des conditions déterminées se trouve lésé, car il n'avait pu tenir compte de cette réduction dans l'établissement de son prix. Il a donc droit à une indemnité (2).

Mais, malgré cette restriction, on doit reconnaître que bien des arrêts anciens reconnurent la surve-

1. Lebon, t. II, p. 299, cité par Saint-Marc, *De l'Imprévision dans les contrats administratifs*, Thèse Paris, 1918, p. 21.

2. 1° Février 1829, *Moreau.* Dans le même sens, 7 avril 1846, *Bazille.* Lebon, 283. — 3 juillet 1864, *Josserand.* Lebon, 647. — 20 juin 1873, *Escalle.* Lebon, 567. — 8 janvier 1875, *Ville de Basse-Terre contre Colardeau.*

nance d'un événement imprévisible comme suffisante pour amener la modification, au moins partielle, du contrat. Le 23 janvier 1862 (1), le Conseil d'Etat allouait un prix de 1 fr. 50 au mètre cube, au lieu de 0 fr. 60 prévus par le cahier des charges, pour le déblaiement de blocs erratiques rencontrés au cours de travaux, et dont la présence n'avait pas été décelée par les sondages. De même, un arrêt du 20 avril 1877 (2) attribuait une indemnité à l'adjudicataire du *Journal officiel*, pour l'impression de documents législatifs dont la réunion de l'Assemblée nationale de 1871 avait activé la production d'une manière absolument impossible à prévoir.

Nous pouvons citer un grand nombre d'arrêts tout à fait contemporains appliquant la même jurisprudence. C'est ainsi qu'une indemnité fut allouée à un entrepreneur en raison de causes exceptionnelles, notamment de la rapidité avec laquelle les travaux avaient été effectués, causes qui ne pouvaient être prévues au moment de l'adjudication (3); qu'une indemnité fut accordée à une compagnie de navigation chargée des transports de l'Etat, en raison d'une taxe nouvelle établie postérieurement à la conclusion de l'accord entre elle et l'Etat dans un port de relâche, avec ce considérant intéressant : « Considérant

1. *Oliva*. Lebon, 1108.
2. *Wittersheim contre ministre de l'Intérieur*. Lebon, 343.
3. Conseil d'Etat, 26 février 1904. Lebon, 168.

qu'à raison de la nature particulière de ces droits, l'éventualité de leur établissement n'avait pas été prévue au moment de la convention précitée et que la Compagnie n'avait pas pu en tenir compte dans la fixation des conditions de transport qu'elle consentait à l'Administration... (1) »; c'est ainsi encore que le Conseil d'Etat déchargea des adjudicataires de fournitures de viande des sanctions prévues au contrat, parce que les éleveurs dont le bétail devait servir aux livraisons n'avaient pas voulu entrer dans les prévisions du contrat (2); et encore qu'une indemnité fut accordée à un entrepreneur de terrassement en raison des difficultés imprévues au moment de l'accord, et entraînant de lourdes charges pour lui (3); et bien d'autres espèces dont l'énumération serait fastidieuse, mais qui, toutes, peuvent se résumer en ceci : survenance d'un fait, imprévu au moment de la conclusion du contrat, qui, sans rendre l'exécution de l'obligation impossible, est de nature à causer un grave préjudice à l'un des contractants; il doit s'ensuivre une modification du traité (4).

1. Conseil d'Etat, 26 février 1904, *Compagnie marseillaise de navigation à vapeur*. Lebon. Arrêt à rapprocher de celui, en sens contraire, rendu par la Chambre des Requêtes le 27 janvier 1875. D. 1875.1.264.

2. Conseil d'Etat, 20 mai 1904, *Sieurs Savès et Grostsois*.

3. Conseil d'Etat, 3 février 1905, *Michoud*. Lebon, 108.

4. Dans le même sens nous pouvons citer, entre autres, les

§ 2. — *Les conflits entre les communes et les compagnies d'éclairage par le gaz au sujet de l'électricité.*

C'est, croyons-nous, au sujet des litiges survenus entre certaines communes et leurs compagnies d'éclairage par le gaz au sujet de l'éclairage électrique, que fut pour la première fois prononcé le mot de théorie de l'imprévision. En étudiant à ce sujet la

arrêts suivants : 7 décembre 1841. Lebon, 1841. — 12 août 1854, *Ville de Tarascon contre Jourdan*. Lebon, 789. — 8 fév. 1855, *Viennois*. Lebon, 132. — 27 nov. 1856. Lebon, 667. — 18 mars 1858, *Sensines et consorts*. Lebon, 224. — 16 déc. 1864, *Nercam*. Lebon, 1019, conclusions Aucoc. — 22 avril 1868, *Giordano*. Lebon, 470. — 26 sept. 1871, *Colas*. Lebon, 176. — 18 juillet 1873, *Giroux contre l'Asile des aliénés de Pau*. Lebon, 669. — 24 avril 1874, *Bessière contre ville de Pau*. Lebon, 378. — 3 mars 1876, *Loiselot contre commune de Poinson lès-Fayl*. Lebon, 230. — 7 juin 1889, *Varinot, Huardel et Fischbach*. Lebon, 739. — 15 nov. 1889, *Jouvet*. D. 91.3.35. Lebon, 1040. — 25 juillet 1890, *Société générale des fournitures militaires*. Lebon, 723. — 14 nov. 1902, *Olmer et Hesbert*. Lebon, 664. D. 1904.3.37. — 20 mai 1904, *Gloannec*. Lebon, 430. — 24 nov. 1905, *Compagnie parisienne de l'air comprimé*. Lebon, 863 ; S. 1907.3.133. — 24 nov. 1910, *Compagnie générale des Eaux contre ville de Rennes*. Lebon, 864. — 24 novembre 1905, *Lazier*. Lebon, 878. — 29 déc. 1905, *Bardy contre ville de Bergerac*. Lebon, 1014. concl. Romieu. — 31 mai 1907, *Ville de Noilzon*. Lebon, 514 ; S. 1907.3.113 et note de M. Hauriou, concl. Romieu. — 4 février 1910, 9 espèces. Lebon, 97. — 11 mars 1910, *Compagnie générale des tramways*, concl. Blum. Lebon, 216. S. 1911.3.1, note de M. Hauriou, *Revue du droit public*, 1910, p. 270. — 8 nov. 1911, *Labeye*. Lebon, 987. — 22 nov. 1912, *Ville de Rouen*. Lebon, 1077. — 3 nov. 1916, *Poivrel*. Lebon, 425, conclusions Corneille. D. 1917.3.1. — 20 juillet 1917, *Compagnie générale des automobiles postales*. Lebon, 586. D. 1917.3.25.

jurisprudence administrative, nous allons voir se former l'opinion du Conseil d'Etat sur les conséquences juridiques de l'imprévisibilité de certains événements. Voici les faits :

Certaines villes avaient concédé à des compagnies productrices de gaz le monopole de l'éclairage; aucune réserve n'avait été faite, concernant un meilleur éclairage; à la suite d'une découverte imprévue au moment de la conclusion du contrat survint la possibilité de s'éclairer à l'électricité, et des conflits se produisirent. Certaines villes, alors, pensant de bonne foi que l'éclairage au gaz est une chose et que l'éclairage électrique en est une autre, permirent à des compagnies productrices d'électricité d'organiser l'éclairage électrique, soit en leur donnant les permissions de voirie nécessaires pour l'installation de leurs lignes, soit même en leur concédant le monopole de l'éclairage à l'électricité dans la commune. Naturellement, la Compagnie gazière se trouvait lésée, et, arguant de son monopole, faisait un procès à la ville, que le Conseil d'Etat condamnait à des dommages-intérêts considérables, en vertu de l'article 1134 du Code civil, pour avoir porté atteinte au monopole que le contrat — en l'espèce le cahier des charges — garantissait à la compagnie gazière.

Le Conseil d'Etat avait tout d'abord condamné les villes pour avoir autorisé les compagnies d'électricité à faire des canalisations, puis, pour avoir autorisé la pose de câbles aériens; puis encore, pour avoir demandé au préfet d'autoriser la pose de câbles aériens sur des voies traversant la commune, mais ne faisant pas partie du domaine public communal (1). Comme le fait remarquer M. Hauriou (2), de la rigueur même de cette juridiction devait sortir une réaction. Le Conseil d'Etat s'aperçut qu'il avait été trop loin, qu'il avait trop bien servi les intérêts des concessionnaires au détriment de ceux de l'administration communale, et aussi des usagers du service public; il ne s'agissait plus, au début de ce siècle-ci, de beaucoup protéger les concessionnaires contre les aléas de leur entreprise, mais surtout de *garantir l'exécution du service public dans les meilleures conditions possibles pour les usagers;* un demi-siècle d'expérience avait largement démontré qu'en la circonstance, le personnage intéressant n'est généralement pas le concessionnaire.

Aussi, en 1900, le Conseil d'Etat commença-t-il

---

1. Conseil d'Etat, 26 décembre 1891, *Compagnie du gaz de Saint-Étienne.* S. 1894.3.1. — *Id.*, 26 décembre 1891, *Compagnie de l'éclairage électrique de Montluçon.* S. 1894.3.1. — *Id.*, 11 janvier 1895, *Compagnie du gaz de Limoges.* S. 1896.3.129. — *Id.*, 26 mars 1897, *Ville de Flers.* S. 1899.3.41. — *Id.*, 26 nov. 1897, *Ville de Compiègne, ville de Bar-le-duc, ville de Provins.* Lebon, 718. — *Id.*, 24 déc. 1897, *Compagnie du gaz de Bordeaux.* Lebon, 831. — *Id.*, 21 janvier 1898, *Compagnie du gaz d'Avignon.* S. 1899.3.119. — 13 mai 1898, *Compagnie du gaz de Sens.* Lebon, 377.

2. Note sous arrêt du Conseil d'Etat. S. 1902.3.17.

à revenir sur ce que sa jurisprudence avait de trop rigoureux.

Un arrêt du 30 mars 1900 (1) déclara que la commune ne pouvait être rendue responsable d'une autorisation de poser des câbles aériens accordée par le préfet sur le domaine public dépendant de l'État ou du département, et que la municipalité n'était pas tenue par le cahier des charges, de lui demander le retrait de cette autorisation. Un arrêt du 6 juillet 1900 (2) restreignit aux entrepreneurs d'éclairage public l'obligation de la ville d'avoir à refuser l'autorisation d'établir des fils sur la voie publique, et déclara qu'elle pouvait permettre à un particulier, produisant son électricité lui-même, de faire passer ses fils sur le domaine public communal pour éclairer ses divers bâtiments. Un arrêt du 22 juin 1900 (3) tout en reconnaissant la responsabilité de la commune, avait déjà fait cette réserve intéressante :

« Considérant que, si le traité n'a pas prévu le cas où la commune voudrait faire profiter les habitants d'un autre mode d'éclairage, le silence de la convention à cet égard ne suffit pas pour permettre à la ville de paralyser les droits de son concessionnaire du service de l'éclairage en accordant des auto-

1. *Compagnie du gaz de Bourges.* Lebon, 249.
2. *Metge,* Lebon, 458.
3. *Commune de Maromme,* Leb., p. 415.

risations de voirie nécessaires à l'établissement d'une industrie concurrente, *alors qu'elle n'a pas mis le concessionnaire en demeure de fournir la lumière électrique aux conditions offertes par l'entrepreneur de ce nouvel éclairage...* »

Ainsi, une nouvelle tendance se faisait jour dans la jurisprudence du Conseil d'État, celle de considérer, plus encore que la stricte observation du contrat, le bien public. Cette nouvelle orientation de la jurisprudence administrative fut consacrée par un arrêt du 10 janvier 1902 (1). Cette affaire se présentait dans des circonstances de fait particulièrement intéressantes, qui allaient permettre au Conseil d'État de revenir sur sa jurisprudence et de poser de nouveaux principes.

En 1874, la commune de Deville-lès-Rouen avait concédé l'éclairage à la Compagnie nouvelle du gaz de Deville-lès-Rouen en lui accordant le monopole de l'éclairage jusqu'en 1887. A cette époque, le traité entre la commune et la compagnie avait été prorogé; mais alors, l'éclairage à l'électricité existait et fonctionnait dans plusieurs communes avoisinantes. En 1893, la commune de Deville-lès-Rouen avait engagé des pourparlers avec la compagnie, sans obtenir de celle-ci qu'elle se chargeât de l'éclairage à l'électricité. Devant la mauvaise volonté de la com-

1. *Compagnie nouvelle du gaz de Deville-lès-Rouen.* S. 1902.3.17, avec la note de M. Hauriou.

pagnie, elle passa en 1897 un marché avec un tiers.
Réclamation de la compagnie devant le Conseil de
préfecture de la Seine-Inférieure, qui rejeta sa demande. L'affaire vint en appel devant le Conseil
d'Etat, qui considéra qu'il y avait lieu d'interpréter
le contrat, et donna les considérants que voici à sa
décision :

« Considérant que la commune de Deville-lès-
Rouen soutient que si elle a concédé à la compagnie
demanderesse le privilège exclusif de l'éclairage par
le gaz, le privilège, dans le silence des traités de
1874 et de 1887, ne s'étend pas à l'éclairage par
tout autre moyen, et notamment par celui de l'électricité, la commune n'ayant pas renoncé à faire profiter ses habitants de la découverte d'un nouveau
mode d'éclairage; — Considérant que le silence gardé
sur ce point par la première convention de 1874 est
facile à expliquer, et doit être interprété en faveur
de la compagnie du gaz; qu'il en est autrement du
défaut de toute stipulation dans le traité de prorogation de 1887, époque où l'éclairage au moyen de
l'électricité fonctionnait déjà dans les localités voi-
sines; *qu'à cet égard, les parties sont en faute de
n'avoir pas manifesté clairement leur volonté*, ce
qui met le juge dans l'obligation d'interpréter leur
silence, de rechercher quelle a été, en 1887, leur
intention; — *Considérant qu'il sera fait droit à ce
qu'il y a de fondé dans leurs prétentions contraires*

*en reconnaissant à la compagnie du gaz le privilège
de l'éclairage par n'importe quel moyen, et à la
commune de Deville-lès-Rouen la faculté d'assurer
ce service au moyen de l'électricité en le concédant
à un tiers dans le cas où la compagnie requérante,
dûment mise en demeure, refuserait de s'en charger
aux conditions acceptées par ce dernier...* »

En conséquence, le Conseil d'Etat déclarait que,
dans le délai d'un mois, la commune devait offrir
à la compagnie du gaz de se charger de l'éclairage
à l'électricité aux conditions offertes par le tiers
avec lequel elle avait traité; que si la compagnie
repoussait l'exercice du « *droit de préférence* » résultant pour elle de son privilège, la compagnie serait
déliée de toute obligation à son égard. Ce qui permettait à la ville de Deville-lès-Rouen, et, par exten-
sion, à toutes les villes qui auraient désormais de
semblables affaires, d'offrir aux compagnies gazières
de se charger de l'éclairage électrique, et en cas de
refus de la part des compagnies, de se passer de
leurs services dans l'intérêt public.

C'est donc sur la notion de *faute* que le Conseil
d'Etat a fait reposer cette décision : « *que les parties
sont en faute de n'avoir pas manifesté expressément
leur volonté* », ce qui met le juge dans l'obligation de
rechercher quelle a été leur commune intention.
Puisqu'il y a eu faute commune, aucun des contractants ne peut prétendre qu'il est en son droit, la

commune, lorsqu'elle établit l'éclairage électrique, le concessionnaire lorsqu'il se refuse à le faire. La décision du Conseil d'Etat ne cause donc de tort à personne, et sauvegarde une chose que l'on oublie trop souvent : l'intérêt public. En raison de cet intérêt public, la lettre stricte du contrat doit, non pas s'effacer, mais passer au second plan, « parce que, nous explique M. Hauriou dans la note que nous avons déjà citée, et en reprenant les idées qu'il avait déjà exprimées au moment où les villes de Saint-Etienne et de Montluçon furent condamnées à payer des dommages-intérêts à leur compagnie du gaz (1), les traités de concession de service public entraînant des monopoles ne sont pas des contrats privés où deux intérêts s'affrontent, mais sont des contrats publics où les intérêts privés sont, dans une certaine mesure, dominés par l'intérêt public. La même préoccupation des intérêts du public qui a poussé l'administration à remplacer les permissions de voirie pour les distributions de lumière électrique par des traités de concession avec cahier des charges et tarif maximum (*Circulaire du ministre de l'Intérieur et des Travaux Publics* du 15 août 1893, S. Lois annotées, 1894, p. 657), devait logiquement conduire à une certaine interprétation des traités de concession. *Le principe d'une interprétation objective des contrats administratifs* se trouve ainsi posée par

1. S. 1894.3.1, note 3.

notre décision, et nous nous en applaudissons, parce qu'il y avait eu, depuis une quarantaine d'années, excès dans la préoccupation de protéger les intérêts des concessionnaires, qu'en général ceux-ci savent fort bien protéger tout seuls. »

Ainsi, la notion subjective de faute ne paraît plus avoir, en l'espèce qui nous occupe, une importance primordiale; la notion d'intérêt général prime tout, et oblige le juge à une interprétation large du contrat. C'est pourquoi, lorsqu'on regarde attentivement le texte de l'arrêt du Conseil d'Etat, on peut à bon droit se demander jusqu'à quel point l'idée de faute qu'il émet est exacte et jusqu'à quel point elle ne constitue pas plutôt une sorte de trompe-l'œil juridique, une référence au droit écrit, permettant de tourner le droit positif strict et d'appliquer une mesure conforme à l'intérêt général.

Car, répétons-le encore une fois, c'est cet intérêt général bien plus que la stricte observation du contrat que le Conseil d'Etat prend en considération; à la donnée subjective de la volonté des contractants, il substitue la donnée objective des besoins du service public. Selon lui, l'intérêt des habitants est de pouvoir profiter de toutes les nouvelles découvertes; en conséquence, le monopole de la compagnie, absolu pour l'éclairage au gaz, devient un simple droit de préférence pour tout autre mode d'éclairage; si elle ne veut pas se charger de ce nouveau service, exigé

par l'intérêt public, elle n'a pas le droit de gêner
toute la collectivité, et son privilège n'existe plus.

On peut donc résumer de la manière suivante
l'affaire du gaz de Deville-lès-Rouen : contrat strict,
survenance d'un fait imprévu, au moment de la conclusion de l'accord; solution conforme non pas à la
lettre du contrat, mais à la volonté raisonnable des
parties et à l'intérêt général. Le juge administratif
a essayé, autant que possible, de se rapprocher de
l'esprit du Code en invoquant l'idée de faute; mais,
dans la rigueur du système du Code, il aurait fallu,
croyons-nous, reconnaître que la commune seule avait
commis une faute en ne respectant pas le monopole
de la compagnie. L'arrêt Deville-lès-Rouen marque
donc un changement complet dans la jurisprudence.
du Conseil d'Etat, et un certain abandon des principes individualistes de notre Code.

§ 3. — *L'arrêt du Conseil d'Etat du 30 mars 1916*

Ce fut donc à la suite d'une jurisprudence déjà
imposante — décisions visant des adjudications de
travaux publics ou des adjudicataires de fournitures,
décisions visant des concessionnaires de services publics — que survint pendant la dernière guerre le
procès entre la ville de Bordeaux et la Compagnie
du gaz de cette ville. La compagnie s'était engagée
à fournir le mètre cube de gaz à un certain prix; la

guerre survint, et il en résulta l'occupation des territoires houillers du Nord par l'ennemi, les difficultés des transports maritimes et terrestres dues à
la guerre sous-marine et à la réquisition, et en conséquence, la hausse fantastique du prix du charbon (1). La Compagnie du gaz de Bordeaux, travaillant à perte, demanda une indemnité à la ville,
qui refusa. Le Conseil de préfecture de la Gironde (2)
déclara que le cahier des charges était intangible,
et que la compagnie, même travaillant à perte, devait livrer son gaz au prix prévu par l'acte de concession. Appel fut interjeté devant le Conseil d'Etat
qui, sur les conclusions de M. le Commissaire du
Gouvernement Chardenet, décida (3) que le cahier
des charges ne pouvait être intégralement maintenu,
puisque « l'économie du contrat était entièrement
bouleversée » et que, cependant, dans l'intérêt général, il était nécessaire que le service public d'éclairage et de chauffage par le gaz fut assuré. « On se
trouve, disait dans ses conclusions M. Chardenet, en
face de charges dues à des événements que les par

1. Avant la guerre, le prix du charbon tendait à se fixer
entre 20 et 22 francs la tonne ; la moyenne était de 21 fr. 81
pour la période 1903-1913, et le maximum atteint avait été de
28 fr. 40 en 1874. Or, en mars 1915, la tonne de charbon valait
44 fr. 77 ; en décembre 1915, 72 francs ; en mars 1916,
117 francs. A ce sujet, cf. Saint-Marc, *op. cit*, p. 74.

2. Arrêté du 30 juillet 1915, Saint-Marc, *op. cit.*, p. 77.

3. Conseil d'Etat, 30 mars 1916, *Compagnie du gas de Bordeaux*. S. 1916.3.1, avec note de M. Hauriou.

ties contractantes ne pouvaient prévoir, et qui sont telles que, temporairement, momentanément, tant que dureront les événements ayant déterminé ces charges nouvelles, le contrat ne peut plus être exécuté dans les conditions où il était intervenu. Le service public n'en doit pas moins être assuré — l'intérêt public l'exige — et le contrat doit subsister. La puissance publique, le concédant, aura à supporter les charges qu'exige le fonctionnement du service public, et qui excèdent le maximum de ce qu'on pouvait admettre comme prévision possible et raisonnable par une saine interprétation du contrat. »

Conformément à ces conclusions, le Conseil d'Etat estima qu'il y avait lieu de laisser subsister le contrat, dans l'intérêt public, mais en accordant une indemnité à la compagnie. Il renvoya les parties devant le Conseil de préfecture « pour être procédé, si elles ne s'entendent pas amiablement sur les conditions spéciales auxquelles la Compagnie continuera son service, à la fixation de l'indemnité à laquelle la Compagnie a droit en raison des circonstances extra-contractuelles dans lesquelles elle aura dû assurer le service concédé ».

Cet arrêt provoqua, naturellement, de nombreux commentaires. Il fut complètement approuvé par M. Hauriou (1) et par M. de la Taste (2); l'appro-

1. S. 1916.3.1, sous arrêt du 3o mars 1916.
2. *Rev. des concessions départ. et comm.*, juillet, nov. 1916.

bation de MM. Berthélemy et Jèze (1) fut plus miti-
gée ; quant à M. Duguit, il s'en tint au blâme pur et
simple (2) ; mais nous devons noter que les critiques de l'éminent doyen de la Faculté de Bordeaux
s'adressent plutôt à la procédure de renvoi devant
le Conseil de préfecture adoptée par le Conseil d'Etat
qu'à la question même de l'imprévisibilité.

On doit donc constater la rupture du Conseil
d'Etat avec la méthode traditionnelle d'interprétation des contrats.

Le juge doit appliquer le contrat qui est devenu
la loi des parties.

*Le juge doit interpréter les contrats en s'inspi-
rant des nécessités actuelles et de ce qui est actuellement raisonnable.*

Le débiteur ne peut être délié de son obligation
que lorsqu'un fait qui ne lui est pas imputable le
met dans l'incapacité absolue de faire ce à quoi il
s'est engagé.

*On doit tenir compte de la survenance d'événe-
ments imprévus qui rendent l'obligation trop lourde
ou trop onéreuse.*

On pourrait facilement imaginer et poursuivre un
tel dialogue entre la stricte jurisprudence classique

---

1. Berthélemy, *Revue politique et parlementaire*, 1917. Jèze,
Revue du droit public, 1916, p. 258 et suiv.

2. *Revue politique et parlementaire*, 1916, p. 264. A ce sujet,
cf. Saint-Marc, *op. cit.*, p. 88.

et celle qu'inaugurait ouvertement le Conseil d'Etat par sa décision du 30 mars 1916.

Il faut d'ailleurs remarquer avec quelle prudence la haute juridiction administrative s'aventure sur ce terrain nouveau. Il faut interpréter la volonté des parties, *mais sans la négliger*, et en tenant compte de tous les intérêts. Il y a donc un principe à reconnaître; mais, ce principe étant dégagé, c'est aux parties à se mettre d'accord sur son application, puisque l'une et l'autre sont les mieux placées pour connaître les nécessités de l'entreprise et déterminer le plus rapidement possible leurs justes limites. C'est à la volonté des parties que l'affaire est renvoyée, pour qu'elles apportent elles-mêmes au contrat initial les modifications qui leur paraîtront justes et raisonnables. Ce n'est que faute de cet accord amiable que le juge interviendra pour les mettre d'accord. Ainsi, le Conseil d'Etat ne se permet pas d'intervenir directement dans les modifications à apporter au contrat, comme le fit, par exemple, le Conseil de préfecture de la Seine-Inférieure (1). Il dégage un principe, et renvoie les parties à en faire elles-mêmes, si possible, l'application.

La doctrine appliquée par l'arrêt du 30 mars 1916 a été depuis reprise par des arrêts du 3 août 1917 (2)

---

1. 10 novembre 1915, *Gaz. des Tribunaux.*
2. S. 1917.3.39 avec note de M. Hauriou.

 J. Magnan de Bornier   4

et du 11 avril 1919 (1) et un grand nombre d'arrêts postérieurs (2). Il paraît ainsi que la jurisprudence est définitivement établie dans ce sens : la surve-nance d'un fait imprévisible doit exonérer le débi-teur au moins d'une partie des circonstances fâcheu-ses du contrat, de celles qu'il n'avait pu prévoir.

* *
*

Nous devons encore insister ici sur les mots *service public*. C'est, nous a expliqué M. Hauriou au sujet de l'arrêt *Deville-lès-Rouen*, pour assurer le service public que la rigidité du contrat doit être relâchée au détriment de l'entrepreneur ; c'est, nous dit M. Chardenet dans ses conclusions de 1916 et nous redit M. Hauriou dans son commentaire de l'arrêt du 30 mars, dans l'intérêt du service public que la rigidité du contrat doit être relâchée au profit de l'entrepreneur. Dans le premier cas, la mauvaise volonté du concessionnaire empêche la collectivité de jouir de certains avantages qu'elle pourrait se procurer s'il n'y avait pas de concessionnaire, si elle entretenait elle-même le service public. Dans le se-cond cas, la mauvaise volonté de la personne morale représentant la collectivité risque d'empêcher cette

1. *Gaz. des Trib.*, 4 mai 1919.
2. Cf. Lapeyre, *De l'imprévision dans les marchés passés par les Sociétés de gaz et d'électricité.* Th. Poitiers, 1923, un exposé complet de la jurisprudence et le texte des arrêts jusqu'au 25 novembre 1921.

collectivité de jouir d'un service public. Il faut donc, dans l'un et l'autre cas, considérer quel est l'intérêt public, adopter la solution qui paraît lui devoir être la plus profitable, et, en conséquence, selon les circonstances, réviser le contrat au bénéfice du concessionnaire ou à celui de l'administration.

C'est ce qu'a fait le Conseil d'Etat par les divers arrêts que nous avons cités. Il va sans dire que ces décisions causèrent un certain émoi, alors que la Cour de cassation et la quasi-unanimité des Cours d'appel maintenaient le principe absolu de la rigidité du lien contractuel. Avant d'examiner les idées qui ont été émises à ce sujet, nous regarderons ce qui a été fait en droit positif pendant la guerre au sujet de l'imprévisibilité, et même, nous chercherons si le Code civil lui-même, ou des lois antérieures à 1914, n'admettraient pas, dans une certaine mesure, l'imprévision comme cause de révision ou de résolution des contrats.

CHAPITRE III

LES EXCEPTIONS LÉGALES A LA RIDIGITÉ DU LIEN CONTRACTUEL

SECTION I. — LES EXCEPTIONS ANCIENNES

D'après le Code civil, nous avons dit, la rigidité du contrat et de l'obligation qui en résulte était un principe absolu. Nous devons cependant signaler que le Code civil et le Code de commerce ont apporté quelques exceptions à la rigueur de l'engagement contractuel, en ce qui concerne la faillite d'une part, les donations et les legs d'autre part.

§ 1. — *La faillite et la liquidation judiciaire*

La reconnaissance définitive et la réglementation de la faillite par le Code de commerce de 1810 apportèrent, dans une certaine mesure, une atteinte à la rigidité du lien contractuel. La loi du 4 mars 1884, organisant la liquidation judiciaire, obéit, dans le même but, au même principe, tout en atténuant la rigueur de la loi à l'égard des commerçants malheureux.

Que se passe-t-il quand une faillite se produit ?

Un commerçant, à la suite de circonstances quelconques, se trouve dans l'impossibilité de rembourser intégralement tous ses créanciers; ceux-ci sont donc obligés à ne recevoir qu'un paiement proportionnel au montant de leur créance, au lieu d'en recevoir le paiement complet. Mais c'est là, dira-t-on, un cas de force majeure absolue : où il n'y a rien, le fisc ne peut rien prendre. Cela n'est pas tout à fait exact. Car il se peut fort bien que le débiteur ait la possibilité de payer intégralement chacun de ses créanciers pris à part, sans pouvoir les payer tous intégralement; la force majeure absolue n'existe que pour l'ensemble des créanciers; à l'égard de chacun d'eux en particulier elle n'est que relative. Et le fait imprévu, qui est la cessation de paiement, suivi de la déclaration de faillite, a pour effet de diminuer la capacité juridique des créanciers, en leur interdisant de faire valoir personnellement, séparément, leurs titres. Si l'on admettait que l'état de faillite du débiteur ne modifie en rien la capacité des créanciers, chacun d'eux aurait le droit de poursuivre *individuellement* le recouvrement de sa créance, de la manière qui lui paraîtrait le plus conforme à ses intérêts. « Aussi longtemps que la faillite n'était pas ouverte, écrit M. Thaller, chacun avait le droit, pour obtenir son paiement, d'aviser à des moyens de persuasion ou de force, sans se préoccuper des autres prétendants, et même en passant devant eux. Le paiement à obtenir était le prix de la course (1). » Mais la faillite est déclarée, et la situation change. De deux choses l'une : ou bien les créanciers accordent un concordat à leur débiteur, ou bien ils ne le lui accordent pas.

S'ils conviennent d'un concordat, les conditions du marché primitif seront changées : le paiement des dettes sera au moins échelonné sur une période beaucoup plus longue que celle qui a été prévue dans les accords primitifs. Cependant, si l'*unanimité* des créanciers s'est trouvée d'accord avec le débiteur sur les conditions du concordat, on se trouve dans l'hypothèse du consentement mutuel donnée par l'article 1134 du Code civil, 2e alinéa : les conventions peuvent être modifiées du consentement mutuel des parties. Mais, déjà, la situation n'est plus la même si le concordat est accordé par la majorité des créanciers. La majorité, par sa décision, engage en effet la minorité; ceux qui font partie de cette dernière ne se trouvent plus dans l'hypothèse du consentement mutuel prévu par le 2e alinéa de l'article 1134 dans sa première partie, mais dans celle, prévue par la seconde partie du même alinéa, « des causes que la loi autorise », ce qui est tout à fait différent. Comme le fait remarquer M. Morin (2), c'est une

1. *Traité élémentaire de droit commercial*, 5e éd , p. 873.
2. *Révolte des faits contre le code*, p. 155 sq.

véritable *loi*, à l'élaboration de laquelle il n'a pas participé, à laquelle, même, il s'est opposé, qui s'impose au créancier minoritaire. Ce n'est donc plus sa volonté, mais une suite d'événements imprévus, bien que, évidemment, toujours possibles : la cessation de paiement et la formation d'une majorité contraire à l'une des opinions individuelles, qui oblige le créancier minoritaire.

Si le concordat est refusé au débiteur, la liquidation de ses dettes est remise à une association de fait, et nullement de volonté, formée par les créanciers antérieurs à la cessation de paiements. Il y a ainsi substitution d'une personne morale, l'*union des créanciers*, à une personne réelle, le commerçant en état de faillite. Ce changement dans la situation est encore déterminé non par l'unanimité des créanciers — bien que cette solution soit possible — mais par leur majorité. Ils sont ainsi traités comme des associés, en dehors de toute manifestation de volonté de leur part. Ici, un fait prime tous les autres : que la majorité des créanciers estime conforme à ses intérêts de retirer au débiteur la gestion de ses biens. C'est là un fait imprévu et imprévisible, par lequel le créancier minoritaire se trouve lié. Ici encore, comme dans le cas de concordat accordé par la majorité des créanciers, c'est une véritable loi extérieure à la volonté individuelle qui est imposée par les circonstances.

Dans l'un et l'autre cas, le résultat est le même : les créanciers subissent une modification dans les modalités de leur créance, souvent même, une forte diminution, et leur capacité d'engager une procédure individuelle pour obtenir un paiement conforme à la convention primitive n'existe plus. Leur capacité et leur créance subissent le contre-coup de l'arrivée de l'événement imprévu. Comme le dit M. Thaller, « la survenance de la faillite substitue à la notion du laisser-faire un plan de répartition qui en est le contraire » (1).

Ainsi, nous le voyons, dès la promulgation du Code de commerce, non pas même l'imprévisibilité, mais la simple imprévision d'un événement pouvait amener des modifications dans les contrats, et dans la capacité juridique des personnes ayant conclu ces contrats.

Si nous recherchons la raison de ce fait, nous pouvons la trouver dans la notion d'utilité générale. Pourquoi interdire aux créanciers de prendre individuellement leurs sûretés ? Pour qu'aucun d'entre eux ne soit entièrement lésé, pour que la perte, étant répartie sur un ensemble de personnes, soit moins sensible à chacune en particulier. Assurer la stabilité dans les relations commerciales, en reconnaissant à chacun, en dépit d'événements nouveaux et imprévus, la possibilité de se faire rembourser au

1. *Op. cit.*, p. 874.

moins en partie, tel est, en somme, le but de la faillite, tout comme celui de la liquidation judiciaire. C'est également vers ce but d'utilité générale, nous le verrons par la suite, que tend la théorie contemporaine de l'imprévision.

§ 2. — *Les donations et les legs*

Nous n'avons jusqu'ici parlé de l'imprévision que dans les contrats synallagmatiques. Nous devons aussi indiquer qu'il est des obligations qui naissent de la volonté d'un seul et où l'imprévisibilité peut jouer un rôle intéressant. Ce sont les donations et les legs.

En règle générale, le donataire est supposé devoir garder une certaine reconnaissance à son bienfaiteur; cependant, il se peut qu'il n'en fasse rien. C'est pourquoi le Code civil, en son article 953, prévoit le cas imprévu de l'ingratitude du donataire, et autorise, si elle se produit, la révocation de la donation, c'est-à-dire l'annulation de l'obligation pour une cause postérieure au moment où elle a pris naissance, et imprévue à ce moment-là. Par exemple, si dix ans après la donation, le donataire tente d'assassiner son bienfaiteur.

Remarquons encore que l'article 953 admet deux autres cas de résolution de la donation pour faits imprévus : la non-exécution des conditions sous lesquelles elle avait été faite, et la survenance d'en-

fants au donateur. L'obligation de celui-ci, de laisser le donataire jouir paisiblement de la chose donnée, est alors résolue.

Il est un autre problème beaucoup plus difficile
à résoudre, qui, à lui seul, demanderait une étude
spéciale : c'est le cas où un fait imprévu vient
empêcher l'accomplissement d'un legs. Ainsi, la loi
du 9 décembre 1905 attribuait aux associations cul-
tuelles les fondations de messes dont étaient grevées
les fabriques. Par suite de la non-constitution de ces
associations, à qui devaient revenir ces fonds affectés
à un service particulier ? A quoi allaient-ils servir ?
Questions extrêmement délicates, que le législateur
n'a pas, semble-t-il, résolues de manière satisfaisante. En effet, la loi du 11 avril 1908 autorisa les
fondateurs ou leurs héritiers en ligne directe à re-
vendiquer ces fonds et décida que les capitaux des
fondations qui ne pourraient être revendiqués dans
ces conditions reviendraient aux personnes morales
indiquées par la loi.

Cette solution est critiquable à un double point de
vue : tout d'abord, est-il certain que les héritiers,
même en ligne directe, affecteraient les capitaux ainsi
rendus disponibles, à la charge prévue ? Ensuite, de
quel droit l'Etat peut-il donner à une personne morale un capital qui ne lui appartient pas, et que,
même, il détourne de l'objet pour lequel il avait été
constitué ?

Le cas imprévu était ici l'anéantissement légal des personnes morales chargées des fondations pieuses. Il fallait donc chercher un moyen de remplir les charges dont étaient grevées les fabriques, sans quoi, on risquait d'adopter une solution injuste. C'est ce que l'on a fait.

Rechercher quelle affectation auraient dû recevoir ces fonds, quelle affectation devraient recevoir ceux qui proviennent des fondations devenues sans objet serait toute une étude à entreprendre. Ce n'est pas notre sujet de la faire, mais son importance, relativement au problème de l'imprévisibilité, méritait au moins d'être signalée au passage.

SECTION II. — LES EXCEPTIONS RÉCENTES (1)

§ 1. — *Les moratoria de 1914*

Il n'y avait donc, dans nos lois, que bien peu de choses, presque rien, au sujet de l'imprévision au début de ce siècle-ci. Lorsqu'en 1914 la guerre sur-

---

1. Il y aurait bien certainement une étude extrêmement intéressante à faire sur les conséquences de la guerre, qui a amené les exceptions à la rigidité du lien contractuel dont nous allons parler, dans un grand nombre de législations.

Il ne nous a pas été possible, malgré notre désir, de rassembler les renseignements nécessaires à cette étude. Nous pouvons cependant indiquer que la France n'a pas été la seule, en cette circonstance extraordinaire, à prendre des mesures exceptionnelles.

En *Angleterre*, dès le début de la guerre, en 1914-1915, le

vint, elle amena avec elle l'obligation de prendre certaines mesures inspirées par la nécessité où l'on se trouvait de parer aux terribles conséquences de ce fait, dont beaucoup, malheureusement, avaient oublié la possibilité. Au 1er août 1914, il est bien certain que nul ne croyait que la guerre durerait jusqu'à la fin de 1918 : les énormes dépenses, la

Parlement vota des lois temporaires sur les cours de justice et leur procédure, sur leur droit d'annuler certains contrats de loyers ou de prêts hypothécaires, sur leur droit de modérer certaines obligations. Ces lois furent modifiées et systématisées par la loi du 10 juillet 1917.

Au *Chili*, où beaucoup de personnes se trouvaient en rapports d'affaires avec des commerçants appartenant aux nations belligérantes, la loi n° 2980, du 5 février 1915, accorda aux citoyens chiliens une prorogation de quatre mois pour l'exécution de leurs obligations commerciales contractées à l'égard de ressortissants des pays en guerre, ou soumis à des mesures moratoires exceptionnelles.

En *Italie*, au moment de la déclaration de guerre, furent promulgués divers décrets moratoires. Le premier en date, et l'un des plus intéressants, que nous pouvons rapprocher de la loi française du 21 janvier 1918, est le décret du 27 mai 1915, dont l'article 1er est ainsi conçu:

A tous les effets de l'article 1226 du Code civil, la guerre est considérée comme cas de force majeure, non seulement quand elle rend impossible la prestation, mais aussi quand elle la rend excessivement onéreuse, pourvu que l'obligation ait été assumée avant la date du décret de mobilisation générale.

Ainsi, des causes analogues devraient donner des effets analogues, quels que fussent les pays dans lesquels elles se produisaient. Nous pouvons, croyons-nous, en conclure que la survenance d'un fait imprévisible est partout considérée comme devant apporter des modifications aux situations normales. Cela est un fait dont nous tirerons, par la suite, les conclusions nécessaires.

mobilisation de presque tous les éléments actifs du pays — comme de ceux de l'ennemi — faisaient prévoir une guerre courte : on s'est trompé. Mais, grâce à cette erreur peut-être, on prit pour le temps de guerre des mesures qui s'appuyaient sur le principe de l'imprévision. Le Gouvernement fut autorisé par la loi du 4 août 1914 à prendre, pendant la guerre, par voie réglementaire, toutes les mesures qu'il jugerait utiles. Il usa largement de ce pouvoir, et établit par le décret du 10 août 1914 divers *moratoria* suspendant les prescriptions, autorisant les banques à ne rembourser à leurs clients qu'une partie de leurs dépôts, prorogeant les baux à loyers, etc., etc.

Nous ne pouvons ici énumérer toutes les matières auxquelles furent appliquées des mesures moratoires: ce serait de nul intérêt. Nous ne pouvons cependant passer sur ce sujet sans remarquer avec M. Hauriou (1) que ces divers moratoria ont la même nature que la jurisprudence du Conseil d'Etat sur l'imprévision. Pourquoi, en effet, admit-on que les banques pouvaient être dispensées de rembourser l'intégralité des dépôts qu'elles avaient reçus ? Parce que l'on pensait que l'état de guerre était un fait nouveau, incompatible avec le remboursement prévu par le contrat; parce que cet état de guerre était un fait sinon absolument imprévu, du moins en dehors des prévisions certaines des contractants, et qu'il créait

1. Note sous Conseil d'Etat, 30 mars 1916. S. 1916. 3. 1.

une situation nouvelle à laquelle ne correspondait plus le contrat de dépôt conclu avant le 1er août 1914; que cet état de fait mettait les banques dans une situation extrêmement délicate, tant par la mobilisation d'une partie de leurs employés que, surtout, par ce fait que la plupart de leurs clients leur demandaient en même temps la restitution d'une partie plus ou moins considérable de leur dépôt, et par la nécessité où elles se trouvaient cependant de conserver certaines disponibilités pour pouvoir éviter la faillite.

Pourquoi admit-on le moratorium de toutes les prescriptions, de toutes les actions en justice? Ce n'est pas par suite de l'impossibilité matérielle de faire accomplir les actes nécessaires à telle ou telle affaire, mais à cause des difficultés d'ordre surtout psychologique qu'il y avait souvent à accomplir certains actes. Même lorsqu'il s'agissait d'un combattant, peut-on dire qu'il était *matériellement* dans l'impossibilité de faire, ou de faire faire, un acte lui assurant la jouissance d'un droit ou d'un privilège? Difficilement. Il semble cependant que la préoccupation immédiate et personnelle qui résultait du bombardement ou de la fusillade, que même l'engourdissement subi par les hommes au repos ou dans un secteur calme, étaient de nature à suffisamment motiver, et justifier s'il en était besoin, la mesure prise par le Gouvernement.

§ 2. — *Les baux à loyer* (1)

Pourquoi encore admit-on le moratorium des loyers ?
Pour des raisons analogues. Mais ici, il nous paraît
bien qu'il y eut quelques abus. Si, en effet, ce moratorium était justifié à l'égard de certains mobilisés
et de certains non-mobilisés n'ayant que peu de ressources, ou étant dans l'impossibilité de supporter
une augmentation de loyer — lorsque les prix vinrent
à monter — il n'en est pas moins vrai qu'un très
grand nombre de locataires pouvaient supporter les
charges normales et les charges nouvelles nées de
la guerre. En matière de baux à loyer, le problème
était double : d'une part, le locataire, qui n'avait pas
prévu la guerre, et qui pouvait se trouver fort embarrassé pour acquitter ses obligations; d'autre part, le
propriétaire, qui n'avait pas, lui non plus, prévu la
guerre, et qui pouvait être mis dans le plus grand
embarras par ses conséquences. La force majeure
empêchant certains locataires de payer leur loyer,
et la force majeure obligeant tous les propriétaires à
augmenter leurs prix, se confondent en une seule. Il

1. Cf. à ce sujet L. Rolland, La question des loyers et l'intervention du législateur. *Rev. du droit public*, 1915, p. 719,
et : La loi sur les loyers et le droit public, *Rev du droit public*,
1918, p. 255. — Gueullette, *Des effets juridiques de la guerre
sur les contrats.* Th. Paris, 1918, p. 156. — J. Galinier, *Le
régime des loyers depuis 1914 et l'évolution du droit.* Th. Montpellier, 1922.

fallait, nous semble-t-il, faire une distinction selon les circonstances, et déclarer non pas que tous les baux à loyer seraient prorogés, mais qu'en principe, ils pourraient tous être résolus, si le locataire ne voulait pas accepter de supporter les conséquences économiques de la guerre, sauf, naturellement, à examiner chaque espèce, et à voir si les charges du locataire n'auraient pas été plus lourdes, proportionnellement, que celles du propriétaire. Auquel cas, une situation de faveur aurait pu être consentie au locataire.

Il ne faut pas oublier que la théorie de l'imprévision doit surtout être une théorie d'équité, sans quoi elle perd toute raison d'être. Or, déclarer en bloc que telle catégorie de débiteurs est déliée de son obligation, alors que leurs créanciers demeurent liés par le contrat, ce n'est pas faire œuvre juridique; c'est surtout, nous paraît-il, faire œuvre de démagogie. On peut, en effet, en cette matière des loyers pendant la guerre, concevoir plusieurs situations types, qui méritent, chacune, une solution différente :

1° *Le locataire est mobilisé, le propriétaire ne l'est pas*. Le locataire perd donc une partie de ses ressources; le propriétaire garde toutes les siennes. En cette circonstance, c'est le locataire qui est le plus intéressant, et en faveur duquel devrait jouer, dans une large mesure, la théorie de l'imprévision.

2° *Le locataire n'est pas mobilisé, le propriétaire est mobilisé.* C'est la situation exactement inverse de la précédente; en conséquence, c'est le propriétaire qui devrait profiter de l'imprévision de la guerre au moment du contrat.

3° *Ni le propriétaire ni le locataire ne sont mobilisés, ou l'un et l'autre le sont.* Ils sont donc l'un et l'autre dans une situation identique, et sauf cas particuliers exceptionnels, il paraît que le contrat devrait s'exécuter ou être résolu sans dommages-intérêts au gré de l'une des parties.

Il nous paraît que, lorsque la situation des contractants est ainsi clairement posée, l'injustice de la solution uniforme donnée par les décrets moratoires, par la loi du 9 mars 1918 et par les lois postérieures saute aux yeux. Il nous semble qu'il aurait seulement fallu poser le principe que l'imprévisibilité de la guerre pouvait être considérée comme cause d'annulation ou de modification des contrats de louage d'immeubles, et donner au juge du fait les plus larges pouvoirs d'appréciation sur la situation des parties et la solution qui lui convenait. Le législateur ne l'a pas fait; il a préféré entrer dans une réglementation de détail, uniforme pour tout le monde : qu'il nous soit permis de ne pas l'approuver.

Remarquons que jusqu'à la loi du 1er mars 1921, les locataires ont été maintenus par la loi dans les locaux qu'ils occupaient sans aucune modification aux conditions du bail. Jusqu'alors, la situation nouvelle née de la guerre n'avait en réalité de conséquences fâcheuses que pour le bailleur qui ne pouvait augmenter le prix de son loyer, et qui ressentait d'autant plus durement cette contrainte que la loi du 28 octobre 1919 sur la spéculation illicite (1), lui interdisait formellement d'essayer de rattraper la perte subie sur les nouveaux baux conclus après la guerre. Tout en reconnaissant le bien-fondé de cette mesure répressive à l'égard des propriétaires trop exigeants, on ne peut cependant s'empêcher de ressentir une certaine commisération à leur égard. Les décrets moratoires et les lois sur les loyers leur font perdre une grosse somme sur les contrats anciens; la loi pénale leur fait un grief d'essayer de balancer leurs pertes par des contrats nouveaux conclus à leur grand avantage... Et alors, réellement, on voit tout ce que le système absolu et uniforme des décrets et de la loi du 9 mars 1918 avait d'inique : il empêchait toute une catégorie de personnes de tirer un légitime avantage d'une chose leur appartenant, et permettait à d'autres personnes de tirer un bénéfice que souvent rien ne justifiait d'une chose ne leur appartenant pas.

La loi du 1er mars 1921 (2) rompit enfin avec ces errements et déclara que le locataire, qui n'aurait

1. Article 6.
2. Article 1er-3°.

subi pendant la guerre aucune augmentation de loyer, devrait à l'avenir payer un prix majoré, qui, à défaut d'accord amiable entre lui et le propriétaire, serait fixé par le juge, qui, pour cela, tiendrait compte de l'aggravation des charges subies par le propriétaire.

Cette mesure est d'une certaine gravité, car elle autorise un tiers, le juge, à participer à l'élaboration du contrat; celui-ci n'est plus, conformément à l'article 1134 du Code, l'expression de la volonté des parties; ce n'est plus une loi qu'elles s'imposent à elles-mêmes, c'est une loi privée qui leur est imposée par la puissance publique. La loi détermine les conditions générales du contrat; le juge, représentant de l'autorité, fixe les modalités secondaires de la convention. Qu'est devenue ici la liberté des contractants ?

La loi du 31 mars 1922, dans son article 1er, applique encore le même principe; elle déclare, elle aussi, qu'au cours de toute prorogation future de bail, le locataire devra subir une majoration de loyer. Or, dans la plupart des cas, cette majoration est arbitrée par le juge.

C'est, répétons-le, une grande atteinte au principe de l'autonomie de la volonté; c'est une première étape vers un droit de propriété social au lieu d'un droit de propriété individualiste. M. Duguit, dans l'avertissement de la deuxième édition de son livre *les Transformations du Droit privé depuis le Code Napoléon,* fait excellemment ressortir que la loi du 9 mars 1918 sur les baux à loyer, et de nombreuses autres lois de la période de guerre, comme la loi — non mise en application, d'ailleurs, ou si peu — du 8 octobre 1916 ordonnant la mise en culture des terres laissées en friches par leur propriétaire, sont une marque de cette *socialisation* de la propriété, qui, selon lui, se substitue lentement à son *individualisation.* Et, si nous avons bien compris l'éminent professeur, par *socialisation,* il entend que le droit du propriétaire tend de plus en plus à devenir le droit d'exercer une véritable fonction sociale, au lieu d'être un droit personnel, absolu et indéfini sur la chose (1). Nous reviendrons par la suite sur cette conception, et en soulignerons tout l'intérêt.

Quoi qu'il en soit, nous pouvons penser que les diverses lois sur les baux à loyer, justes dans leur principe, ont été faites d'une manière maladroite : la confusion qui régnait dans l'esprit de nos législateurs a été fidèlement reproduite par les textes qu'ils

1. On peut rapprocher cette théorie de l'idée de Renan : « Les ducs, les marquis, les comtes étaient au fond les généraux, les colonels, les commandants d'une landwehr dont les appointements consistaient en terres et en droits seigneuriaux » (*Réforme intellectuelle et morale,* 8e éd., p. 83). De même, un homme jouissant d'une propriété doit, d'après M. Duguit, un service spécial à la société : la production de certaines richesses ; ce service social lui est payé par le bénéfice de l'entreprise qu'il dirige. Il y aurait donc comme une sorte de féodalité économique en formation.

ont élaborés, et cette confusion 'a fait naître des mesures imprudentes et souvent iniques au lieu de mesures équitables et sages.

§ 3. — *La loi du 21 janvier 1918, dite « Loi Faillot »*

A) PRINCIPE DE LA LOI FAILLOT. — Si nous abordons la loi du 21 janvier 1918, dite *Loi Faillot*, nous n'avons plus à adresser les mêmes reproches au législateur. Ici, c'est par prudence, plutôt que par témérité, qu'il a péché.

La loi Faillot déclare nettement, dans son article 2, que l'imprévisibilité de certaines circonstances, la guerre en l'occurrence, postérieures à la conclusion de l'accord, peuvent déterminer la résolution du contrat:

« Indépendamment des causes de résolution résultant du droit commun ou des conventions, les marchés et contrats visés dans l'article précédent (c'est-à-dire les contrats commerciaux à terme conclus avant le 1er août 1914) peuvent être résolus sur la demande de l'une quelconque des parties, *s'il est établi qu'à raison de l'état de guerre, l'exécution des obligations de l'un des contractants entraînera des charges ou lui causera un préjudice dont l'importance dépasserait de beaucoup les prévisions qui pouvaient être raisonnablement faites au moment de la convention.* »

C'est donc bien, ainsi que dans la jurisprudence

administrative, l'assimilation de la charge devenue *trop lourde* ou *trop onéreuse* pour l'une des parties à la force majeure. Cette réalisation législative de la « théorie de l'imprévision » s'appuyait non seulement sur le consentement du Parlement, mais aussi sur un avis extrêmement autorisé, celui du Comité consultatif de Législation civile, qui s'exprimait ainsi (1) :

« A cette considération d'équité, il est permis d'en ajouter une autre tirée de *l'intérêt national*, qui commande aux pouvoirs publics de favoriser et de hâter la reprise des affaires dès la cessation des hostilités, et même dès maintenant, s'il est possible. Or, rien n'est plus contraire à la reprise des affaires que de laisser indéfiniment peser sur nos commerçants et nos industriels le poids des marchés en cours, *devenus inexécutables sans cesser d'être obligatoires*, et dont le seul effet serait désormais d'entraîner pour eux des contestations et des frais. »

On est heureux de voir le Comité consultatif de législation faire appel à un autre argument que ceux que l'on peut tirer des textes mêmes de la loi écrite, ou de la volonté présumée du législateur, et de le voir distinguer, ce que la Cour de cassation ne paraît pas avoir su — ou osé — faire entre la logique juridique et la réalité : « *des marchés en cours devenus inexécutables sans cesser d'être obligatoires* », voilà une formule heureuse, qui contient, nous semble-t-il,

1. D. 1918.4.263, en note.

la condamnation formelle de la théorie civiliste absolue. C'est résumer en quelques mots saisissants
l'antagonisme entre les besoins présents et la jurisprudence sortie d'une loi qui n'est plus en harmonie
avec les nécessités actuelles. La nécessité vitale est
de ne pas exécuter l'obligation; la nécessité légale
est de l'exécuter. C'est bien là un de ces conflits
qu'on peut, lui aussi, qualifier sans exagération de
« révolte du fait contre le Code ». Et vraiment, peut-
on donner tort au révolté ?

On peut à bon droit se demander pourquoi, dans
l'exposé des motifs de sa proposition de loi, M. Faillot s'est plu à torturer des textes pour faire admettre
le principe qu'il posait, alors que, de toute évidence,
ce principe est en contradiction avec l'esprit et la
lettre du Code. L'article 1156, dit M. Faillot, déclare
qu'il faut rechercher quelle a été, dans les conventions, la commune intention des parties; or, la volonté des parties a été de s'engager à de certaines
conditions; ces conditions ne sont plus; donc, la
commune intention des parties est de résoudre ou de
modifier la convention. Si l'argumentation de M. Faillot, prise en elle-même, nous paraît tout à fait juste
et raisonnable, basée sur l'article 1156 du Code, elle
ne nous paraît pas le moins du monde convain-
cante. En effet, reportons-nous au texte; nous lisons:
« On doit, dans les conventions, rechercher quelle
a été la commune intention des parties, *plutôt que de*

s'arrêter au sens littéral des termes. » Lisons encore l'article 1157 : « Lorsqu'une convention est susceptible de deux sens, on doit plutôt l'entendre dans celui avec lequel elle peut avoir quelque effet, que dans celui avec lequel elle n'en pourrait produire aucun. » Lisons maintenant la rubrique de la section IV du titre III du livre III dont l'article 1156 est le premier : « *De l'interprétation des conventions.* »

Après ce rapide examen du texte, nous ne croyons pas qu'il soit besoin de beaucoup réfléchir pour interpréter l'article 1156 de la manière suivante : lorsqu'une convention n'est pas claire *littéralement,* on doit rechercher la commune intention qu'ont eu les parties *au moment du contrat,* plutôt que de s'arrêter à un terme que l'on ne comprend pas bien, ou qui rend la convention absurde. C'est d'ailleurs l'interprétation traditionnelle de l'article 1156 (1).

Il est encore inutile de chercher à justifier le principe de la loi du 21 janvier 1918 par une interprétation de l'article 1134, en disant que le contrat est la loi des *parties de bonne foi.* Pas plus que l'interprétation de l'article 1156, celle-ci ne peut être acceptée sans dénaturer l'esprit même du Code civil. Et pourquoi s'obstiner à rechercher dans le Code la justification d'un principe que le Code condamne ? Surtout, lorsque la situation de fait — qui est, elle

1. Cf. Colin et Capitant, *Cours élémentaire de droit civil rancais,* 2e éd., t. II, p. 423.

aussi, un argument juridique, et de premier ordre — excuse, si l'on y tient absolument, tout au moins explique très suffisamment l'irrespect envers le texte de 1804. Il nous semble que le mieux est de dire franchement : La loi du 21 janvier 1918 est, dans son principe, absolument contraire au Code Napoléon.

B) Conditions d'application de la loi Faillot. — Dans quelles circonstances devait s'appliquer la loi Faillot ? Trois conditions étaient requises :

Que le contrat soit commercial, au moins pour l'une des parties;

Qu'il soit antérieur au 1er août 1914;

Que l'obligation née du contrat soit successive ou à terme, exécutable après le 1er août 1914.

Lorsqu'un contrat réunissant ces trois conditions était devenu, du fait de la guerre, trop désavantageux pour l'une des parties, il pouvait être soit résilié avec ou sans indemnité, soit retardé dans son exécution, soit modifié. Aucune de ces solutions n'était acquise d'office : le juge devait se prononcer, lorsque, après une tentative de conciliation, les parties ne pouvaient arriver à se mettre d'accord.

Dans sa première proposition, déposée sur le bureau de la Chambre des Députés le 12 juillet 1915, M. Faillot ne prévoyait que la résiliation pure et simple du contrat. Cela valut de nombreuses critiques à sa proposition, notamment celle-ci, du rapporteur chargé d'examiner la proposition de loi devant la Chambre de commerce de Bourg :

« Il ne semble pas sage de se ranger à l'idée de l'annulation fatale, car la suppression automatique de nombreux engagements, spécialement lorsqu'ils portent sur des objets spécialement construits sur commande, aboutirait à une flagrante injustice (1). »

Cela est l'évidence même, et M. Faillot adopta cette manière de voir dans son projet définitif.

La loi du 21 janvier 1918 offre donc la possibilité de plusieurs solutions. Les parties peuvent tout d'abord s'accorder à l'amiable devant un arbitre, le président du Tribunal civil, qui doit leur suggérer des moyens d'entente, afin de sauvegarder sinon la *rigidité*, du moins la *stabilité* du contrat. On doit en effet distinguer la rigidité du contrat de sa stabilité. Maintenir l'existence d'un contrat, cela ne veut pas dire qu'on doive le considérer comme une loi inflexible, mais comme une loi qui doit diriger les rapports entre les contractants, et, en la mesure où les circonstances extérieures sont invariables, ou presque, régler ces rapports. Maintenir la rigidité du contrat, c'est décider que les rapports entre les contractants sont invariablement fixés par la convention, de telle sorte que, quoi qu'il advienne, il soit impossible d'apporter aucune modification aux modalités

1. D.1918.4.264, note.

prévues comme exécutables au moment de la conclusion de l'accord.

Sans beaucoup nous avancer, il nous paraît que
nous pouvons dire que le vœu des auteurs de la loi
du 21 janvier 1918 était de maintenir l'existence
des conventions antérieures au 1er août 1914, tout en
les modifiant de la manière nécessitée par la survenance des événements dus à la guerre. C'est pourquoi on institua le préliminaire de conciliation devant
le président du Tribunal. Cela nous paraît une excel-
lente disposition.

Si ce préliminaire de conciliation n'aboutissait pas,
c'était au juge de décider; et il pouvait choisir entre
trois solutions : il pouvait retarder l'exécution de
l'obligation; résilier le contrat avec attribution de
dommages-intérêts; ou bien le résilier purement et
simplement.

Il résulte des travaux préparatoires de la loi Faillot
que nombre de ceux qui prirent part à sa discussion
pensaient que le retour de la paix ramènerait les
choses à un état sensiblement analogue à celui de
l'avant-guerre. Il est bien certain que lorsque la
proposition de loi fut discutée par le Parlement, le
Comité consultatif de législation civile, les Chambres
de commerce, etc., en 1915, 1916 et 1917, la crise
de hausse n'était encore que tout à fait à son début,
et l'on pouvait — l'on a pu — s'illusionner sur son
importance et sa durée. On voulait penser que cette

crise, à peine naissante en 1915, ne durerait pas plus que les hostilités, et on voulait que cette pensée fût une réalité; en conséquence, on admit que le retard d'exécution pouvait, en certains cas, être une mesure suffisante. Il semble bien que ce fût là un leurre. La crise économique due à la guerre ne devait en effet pas cesser du jour du décret constatant la fin des hostilités; les causes en étaient trop multiples, et aussi trop indépendantes du pouvoir du gouvernement (à commencer par la crise du change). On peut admettre que cette mesure était en dehors de ce qui pouvait être nécessaire, au moment, surtout, où l'on admettait le principe de l'imprévision : retarder l'exécution d'une obligation jusqu'à la fin des hostilités ne correspondait pas à un soulagement réel du débiteur trop chargé; la retarder jusqu'au retour de la vie normale, ne serait-ce pas, pratiquement, la renvoyer aux calendes grecques ?

Restaient donc deux solutions : la résiliation avec dommages-intérêts et la résiliation pure et simple.

La résiliation pure et simple offre évidemment de grands avantages, quand ce ne serait que son extrême simplicité. De plus, en certains cas, elle peut correspondre à l'idéal de justice que paraît avoir poursuivi la loi du 21 janvier 1918 : certaines obligations sont devenues trop lourdes ou trop onéreuses; le débiteur doit donc être exonéré, et pour cela, il y a lieu de remettre les choses, autant que possible, dans le *statu quo ante* en ramenant la convention à néant. Une telle solution paraît convenable, lorsque, par exemple, un négociant s'est engagé à fournir une certaine marchandise à des conditions déterminées pendant une certaine période. Ce négociant pouvait ne pas avoir entre les mains, au moment de la conclusion de l'accord, toutes les marchandises qui devaient faire l'objet des livraisons successives. Pour lui, il paraît bien que le plus simple soit de résilier purement et simplement son contrat, tout comme pour son créancier à l'égard de ses propres créanciers.

Mais il est des cas où la solution est plus délicate, dans celui, notamment, où le débiteur aura spécialement fabriqué une certaine marchandise pour le créancier, marchandise qu'il ne peut raisonnablement livrer au prix convenu avant le 1er août 1914. Si le créancier se refuse à prendre la marchandise faite spécialement pour lui à un prix raisonnable, il paraît bien que le débiteur aura droit, alors, à une indemnité, de manière à ce qu'il ne supporte pas intégralement la perte que lui cause la rupture du contrat. Il ne peut être question de lui faire rembourser par le créancier la perte actuelle, celle qu'il subit en ne pouvant pas vendre sa marchandise ce qu'elle vaut *réellement;* mais du moins le débiteur pourra-t-il être indemnisé de la perte effective, c'est-à-dire son prix de revient, et, peut-être, le gain qu'il avait légitimement pu espérer au moment du contrat.

Inversement, lorsque la non-exécution, du fait du débiteur, prive le créancier d'un légitime avantage, surtout lorsqu'une faute peut être reprochée au débiteur, il y a lieu de donner au créancier des dommages-intérêts représentant une partie de la perte subie du fait de la non-exécution; il doit toutefois être bien entendu que cette indemnité ne doit pas représenter le manque à gagner effectif du créancier, mais seulement le manque à gagner qui se serait produit si la non-exécution du contrat était survenue dans des circonstances normales.

Il semble enfin que le juge puisse s'arrêter à une autre solution encore : le maintien du contrat, avec telles modifications qu'il jugera bon de lui apporter, ou, autrement dit, la conciliation d'office.

On le voit, le champ d'action du juge est vaste et varié; il lui est loisible d'adopter, selon les circonstances de l'espèce, telle ou telle solution, et l'on peut penser que la loi Faillot est une porte ouverte toute grande à l'arbitraire du juge ? Est-ce un bien ? Est-ce un mal ? C'est une question que nous ne pouvons malheureusement que poser ici.

C) Examen critique de la loi Faillot. — Ainsi, la loi du 21 janvier 1918 apportait, pour les marchés commerciaux à terme, d'importantes modifications au droit commun, modifications conçues dans un désir d'équité analogue au désir des juridictions administratives, et en vue de l'intérêt général, plus nettement perçu dans une période de crise comme celle que nous avons commencé à traverser pendant la guerre. Il faut donc la louer dans son principe et dans ses applications.

Mais il semble bien que c'est là que doivent s'arrêter nos louanges. En effet, la loi Faillot ne s'applique qu'aux marchés commerciaux au moins pour l'une des parties, et elle est limitée aux seules conventions conclues avant le 1er août 1914. Cela nous paraît une lacune.

En effet, si la grande majorité des contrats civils visent des marchés au comptant, il n'en reste pas moins que le contrat civil à terme existe aussi bien que le contrat commercial, notamment le contrat d'assurance; d'autre part, les contrats de service publics sont bien souvent à des termes beaucoup plus longs qu'aucun marché commercial : ainsi, les concessions de chemins de fer, d'éclairage et tant d'autres; enfin, les contrats de louage de service ont été placés en dehors de la loi Faillot, et cependant, par leur nature même, ce sont des contrats d'où résulte une obligation successive qu'il eût, peut-être, été bon de protéger aussi.

Quelles que soient les raisons que l'on puisse donner de cette mise de côté par la loi : rareté (?) des conventions civiles à long terme, jurisprudence spéciale des juridictions administratives, possibilité pour ceux qui ont engagé leurs services de résilier leur engagement, il n'en reste pas moins que ces conventions ont été écartées du champ d'application de la loi.

Et, ajoutons-le, certains députés tentèrent même d'apporter une restriction à la jurisprudence administrative que nous avons exposée au cours du chapitre précédent. En effet, MM. Delaroue, Violette et autres déposèrent à la Chambre des Députés une proposition de loi qui fut adoptée le 19 juillet 1917, immédiatement après l'adoption de la proposition Faillot. La proposition Delaroue et Violette déclarait que les contrats de service public communaux ne pourraient être modifiés sans qu'il y ait eu une tentative de conciliation entre l'administration et le concessionnaire; qu'à défaut d'accord amiable, le juge pourrait, sur justifications détaillées du concessionnaire, obliger le concédant à lui venir en aide; mais lorsque les recettes du concessionnaire viendraient à nouveau à dépasser ses dépenses, celui-ci devrait consacrer quatre cinquièmes de son gain à la restitution des avances à lui consenties (1).

Cette proposition, adoptée par la Chambre des Députés, n'alla pas plus avant. Elle reste donc sans intérêt pratique, mais on en voit l'intérêt théorique: elle marque bien la réaction de l'esprit individualiste

1. *J. O.*, 20 juillet 1917, Débats parlementaires, p. 1873. Cf. à ce sujet, Lapeyre, *De l'imprévision dans les marchés passés par les sociétés de gaz et d'électricité*. Th. Poitiers, 1923, p. 29 sq.

du Code, contre l'esprit anti-individualiste nouveau.
Elle semble signifier : on veut autoriser les concessionnaires à percevoir plus qu'il n'avait été convenu ;
cela paraît absolument indispensable ; soit, accep-
tons-le momentanément ; mais, lorsque la vie économique sera rentrée dans l'ordre, il faudra effacer
cet oubli temporaire des principes du Code par une
restitution intégrale des avances occasionnées par les
circonstances. Ce qui en revient à détruire tout ce
qu'il y a d'équitable dans la jurisprudence administrative, puisque, avec le système de MM. Delaroue,
Violette et autres, la perte provenant de l'imprévisibilité serait toujours supportée par le concessionnaire : la date de la perte serait seulement reculée.

C'est pourquoi, semble-t-il, on peut à bon droit se
demander si les obligations civiles nées de contrats
antérieurs au 1er août 1914 n'ont pas été écartées
du débat pour ne pas trop heurter l'esprit individualiste traditionnel de certains législateurs et de certains jurisconsultes ; on admet bien que le Droit
commercial soit un « Droit d'avant-garde », mais on
s'obstine à penser que le Code civil doit rester quasi-
intangible dans ses principes et dans ses conceptions.

A ce reproche de limiter l'application de la loi
aux seuls contrats commerciaux, on peut en ajouter
un autre : celui de déclarer que, seuls, les contrats
conclus avant le 1er août 1914 pourraient bénéficier

J. Magnan de Bornier   6

de la loi. S'il est bien évident que cette date du 1er août 1914 ouvre, avec le décret de mobilisation générale, une crise économique telle qu'on n'en avait peut-être jamais vue, peut-on dire cependant que la durée et tous les effets de cette crise commençante aient pu être prévus en août et septembre 1914, ou même en 1915 ou en 1916, ou même au moment de l'armistice ? Pouvait-on, en 1914, prévoir que la guerre proprement dite durerait plus de quatre ans ? que la mobilisation durerait, en moyenne, près de cinq ans ? que par suite, des milliards et des milliards de papier-monnaie seraient émis ? qu'en conséquence, notre change subirait une baisse énorme ? que quinze cent mille Français seraient tués ? que certains pays, qui étaient des centres d'approvisionnement, comme la Russie, seraient pendant de longues années fermés au commerce ? De même, pouvait-on, en 1918, prévoir toutes les difficultés qui ont surgi depuis ? La mauvaise volonté de l'Allemagne, l'agitation sociale, la hausse continuelle de la vie, et combien d'autres faits ? Et cependant, les gens les plus avisés, les plus experts, n'ont pas pensé que tout cela se réaliserait ; ils ont même pensé et écrit le contraire, et grâce à eux, depuis le début de la guerre, une opinion exagérément optimiste s'est répandue dans le pays. Sur cette opinion, des contrats ont pu être conclus en 1915, qui en 1918, ne correspondaient pas plus à la réalité — et bien moins encore —

que des contrats conclus en 1913 et exécutables en
1916.

Il est certain qu'il est extrêmement difficile d'établir un critérium général du moment où commence
la possibilité de l'imprévisibilité : c'est principalement une question d'espèce, question dont la réponse
varie avec les hommes et les circonstances. C'est
pourquoi il nous semble qu'il aurait fallu permettre
au juge de fournir sa contribution personnelle à la
détermination de ce critère, et lui donner seulement
une règle générale au lieu de vouloir le guider comme
un enfant dans l'examen du fait. Si l'on avait posé
en principe que l'obligation pourrait être résolue
lorsqu'un fait imprévu amènerait, pour l'une des parties, de lourdes charges normalement imprévisibles,
il aurait été permis au juge d'apprécier souverainement chaque cas particulier, comme il le fait actuellement pour la force majeure absolue. Il aurait eu
ainsi à remplir une œuvre d'intelligence, et non une
œuvre de pur enregistrement quasi automatique.

Trop limitée quant à la matière même à laquelle
elle s'applique, trop limitée dans le temps, ainsi peut-
on, nous semble-t-il, résumer les critiques à adresser à la loi Faillot, tout en reconnaissant le gros
effort vers le bien qu'elle représente, et le très grand
progrès qu'elle a fait accomplir à notre législation.

La guerre n'a pas eu seulement pour effet de
rendre l'exécution de certaines obligations ruineuse

pour ceux qui en étaient chargés : elle a acculé certains débiteurs, et cela en dehors de tout fait de leur part, par cela seulement qu'elle existait, sans qu'il y eût la moindre faute à leur reprocher, à la faillite. Etait-il juste que cette faillite, entraînant un déshonneur commercial certain, une déchéance des droits civils et politiques, soit prononcée contre des commerçants n'ayant aucun autre reproche à se faire que d'avoir vécu pendant la guerre ? Très certainement, non; et c'est là ce qui a amené le vote de la loi du 2 juillet 1919, sur le règlement transactionnel.

Pendant les trois années qui ont suivi la ratification du traité de paix, le débiteur malheureux et de bonne foi, se trouvant par des circonstances quelconques dans l'obligation de suspendre ses paiements, a pu demander au Tribunal de Commerce de l'admettre au bénéfice de ce règlement transactionnel. Nous n'insisterons pas sur cette situation qui met, l'un par rapport à l'autre, le créancier et le débiteur sensiblement dans le même état que lorsque la faillite a été prononcée. Il est donc inutile de revenir sur ce que nous avons déjà dit à ce sujet. Remarquons seulement qu'ici c'est plutôt l'imprévision du législateur que celle des contractants qui semble avoir été visée.

CHAPITRE IV

LE DÉSACCORD ENTRE LA JURISPRUDENCE CIVILE ET COMMERCIALE ET LA JURISPRUDENCE ADMINISTRATIVE : LA NOTION D'UTILITÉ PUBLIQUE.

I. — LA NOTION DE SERVICE PUBLIC DANS LES CONTRATS ADMINISTRATIFS

Nous avons ainsi terminé l'exposé de la doctrine du Code civil, des faits de jurisprudence et de législation récente. Nous avons vu que le principe de la rigidité du contrat était établi par le Code civil; que, sauf de très rares exceptions, la jurisprudence civile et la jurisprudence commerciale s'étaient montrées extrêmement rigoureuses dans l'application de ce principe, tandis qu'au contraire, la jurisprudence administrative se montrait beaucoup moins sévère; enfin, que la législation de guerre avait, dans une certaine mesure, adopté les solutions larges de la jurisprudence administrative. Etant donné l'identité des principes législatifs appliqués par la Cour de cassation et le Conseil d'Etat, il nous faut, avant d'aborder un examen critique de la théorie de la rigidité du contrat et une esquisse d'une théorie de l'imprévisibilité en matière de contrats, rechercher quelles ont été les raisons déterminantes de cette contradiction jurisprudentielle. C'est ce que nous allons essayer de faire.

On a essayé de faire ressortir pourquoi le Conseil d'Etat a cherché à se placer au point de vue objectif, en cherchant la solution du litige la plus pratique en fait, tandis que la Cour de cassation se plaçait à un point de vue subjectif, en cherchant surtout à déterminer la volonté qui avait été strictement manifestée dans les termes mêmes du contrat. L'idée centrale de la jurisprudence administrative a été analysée, notamment par M. Hauriou dans ses notes au *Sirey*, en la *notion de service public*.

Le contrat de concession entre une administration et un concessionnaire a, en général, pour but de fixer les conditions auxquelles cet entrepreneur devra fournir aux usagers, au public, des choses ou des services. Ainsi, le concessionnaire devra assurer des transports par terre ou par eau, ou devra fournir aux particuliers certaines choses, telles que du gaz ou de l'électricité. Le concessionnaire s'engage à observer certaines conditions imposées par l'Administration, dans l'intérêt des employés du concessionnaire, par exemple, par des fixations de salaires minimum, et surtout dans l'intérêt général des administrés, comme pour la fixation de tarifs maximum.

En échange de ces charges, le concessionnaire reçoit quelques avantages, tels qu'un monopole de fait du service qu'il assure. Le contrat de service public a donc pour but d'assurer l'exécution de ce service pour le mieux des intérêts du public, au moyen d'une entente entre le concessionnaire et l'Administration. L'idée qui doit ainsi dominer n'est pas la *notion du contrat* liant l'Administration au concessionnaire, mais la *notion d'utilité générale*, celle de service public. « Il n'est pas douteux, écrit M. Hauriou, que nous n'envisageons plus ce contrat comme on l'envisageait vers 1840. A cette époque, déjà lointaine, aux débuts des entreprises de chemins de fer, d'omnibus et de tramways, d'éclairage au gaz, les concessionnaires étaient considérés comme rendant aux administrations publiques un signalé service, en consentant à assumer les aléas d'entreprises que les administrations n'auraient jamais assumées elles-mêmes. Le caractère forfaitaire du contrat apparaissait avec beaucoup de force, on était plus frappé des risques courus par le concessionnaire que de l'intérêt même du service public : d'une part, ce service était si nouveau que l'on n'en percevait pas encore les exigences au point de vue de la bonne exploitation; d'autre part, il semblait que le service n'existât que par la grâce du concessionnaire, et que, dans l'intérêt même du service, on ne pût trop ménager celui-ci. Le temps a singulièrement modifié les pers-

pectives; les bénéfices réalisés par certains concessionnaires, le sans-gêne avec lequel certains d'entre
eux ont traité le public, les résistances qu'ils ont
opposées aux demandes d'amélioration les plus raisonnables, le fait que les administrations se senti-
raient maintenant la force de prendre en régie, ou
tout au moins en régie intéressée, les entreprises con-
cédées; toutes ces circonstances ont rendu beaucoup
moins bonne la situation des concessionnaires. La
préoccupation d'améliorer le service public, et de
pouvoir l'améliorer constamment, a grandi, tandis
que celle de ménager la situation du concessionnaire
a diminué. On est entré dans cet état d'esprit que
nous traduisons en disant que *le public n'a pas à
souffrir de ce qu'un service public est concédé au
lieu d'être exploité en régie; on cherche à rendre
l'exploitation du service aussi souple, aussi adaptée
aux besoins variables du public que s'il n'y avait
pas eu de concession (1).* »

D'où, nouvelle conception du contrat de concession :

« Le contrat de concession n'est plus l'instrument
régulateur de l'exploitation du service concédé; *il
n'est plus que l'instrument compensateur des pertes
que le concessionnaire pourrait subir du fait que la
réglementation est passée aux mains de l'Administration.* La concession avait été faite sur la base

1. Note sous Conseil d'Etat, 11 mars 1910. S. 1911. 3. 1.

d'un certain forfait d'exploitation que le contrat avait
déterminé; ce forfait ne sera pas maintenu, mais *il
servira de point de comparaison pour l'application
des indemnités,* car les aggravations apportées aux
charges de l'exploitation doivent donner lieu à indemnité (1). »

Ainsi, à l'heure actuelle, toute la matière du contrat de concession est dominée par l'idée de service
public. En conséquence, l'Administration conserve,
comme gardienne de l'intérêt public, le droit d'imposer de nouvelles obligations à son concessionnaire,
en dehors des prévisions contractuelles, et en raison
de faits imprévus au moment de la conclusion du
contrat.

Revenant sur ce sujet, M. Hauriou répète que
« l'élément contractuel initial a perdu graduellement
de son importance; il est devenu l'accessoire du service public, révélé par la période d'exploitation. L'objet du contrat initial n'est plus que d'établir un équilibre raisonnable entre les droits et obligations du
concessionnaire et les nécessités du service public;
cette économie contractuelle, d'ordre essentiellement
pécuniaire, constitue une sorte de mécanisme compensateur, destiné à régulariser les relations entre
l'entrepreneur et l'entreprise, mécanisme qui sup-
pose, avant tout, la primauté du service public (2). »

1. Note sous Conseil d'Etat , 11 mars 1910, S. 1911, 3.1.
2. Note sous Conseil d'Etat 30 mars 1916. S.1916.3.1.

Ce qui importe donc, ce n'est pas la rigidité du contrat de concession, mais la *stabilité du service public* : il faut que ce service soit exécuté dans l'intérêt général, et pour cela, les modalités d'exécution prévues au cahier des charges peuvent être modifiées, soit à l'avantage de l'Administration, lorsque l'entrepreneur sera forcé d'accepter un perfectionnement, et de l'apporter à son entreprise — cas de l'arrêt *Deville-lès-Rouen* — soit à l'avantage de l'entrepreneur, lorsque l'Administration sera forcée de venir à son aide pour assurer l'exécution du service public — cas de l'arrêt *Société du Gaz de Bordeaux*.

II. — L'individualisme dans les contrats privés

Ainsi, l'idée dominante des contrats de service public est l'idée d'utilité publique. C'est là la différence entre les contrats de Droit public et les contrats de Droit privé, nous dit M. Capitant (2). Et de cette différence, l'éminent professeur tire argument pour justifier « la prétendue rigueur de la jurisprudence civile ». En effet, nous dit-il, lorsque deux particuliers passent un contrat, ils font un acte qui les met en antagonisme : ils cherchent, l'un et l'autre, à acquérir le plus d'avantages possible, en donnant aussi peu qu'ils le pourront à leur co-contractant.

1. D. 1917.2.33, note.

Leurs intérêts sont en opposition, et pourraient les
amener à modifier constamment leur volonté; dès
que les consentements ont été échangés, la volonté
est désormais fixée, et les hommes sont liés.

Au contraire, lorsqu'il s'agit d'une concession de
service public, peut-on dire que le concessionnaire
et l'Administration soient en antagonisme? Nullement, dit toujours M. Capitant. Leurs intérêts ne
sont pas convergents, ils sont parallèles. La commune intention des parties n'est pas de faire un gain,
mais d'assurer le service public, de manière à ce que
celui-ci fonctionne le mieux possible. Donc, on peut
reviser les contrats de concession, tandis que les contrats entre particuliers sont intangibles.

Cette distinction, et le raisonnement qui en découle,
paraissent à première vue fort séduisants; mais il
semble cependant qu'on doive les repousser. Est-il,
en effet, bien exact de dire que le concessionnaire et
l'Administration ne se trouvent pas en antagonisme?
Si l'une des parties — l'Administration — est désintéressée, peut-on en dire autant de l'autre? Le concessionnaire, lui, ne cherche que son profit; il le
trouve en fournissant du gaz, de l'électricité, ou un
moyen quelconque de transport; en traitant avec
l'Administration, il cherche uniquement à réaliser
tout le gain qu'il lui est possible de faire.

Et même, peut-on dire que l'Administration soit
désintéressée dans le contrat? Pratiquement, oui dans

une certaine mesure, bien malheureusement, et certains arrêts du Conseil d'Etat ne montrent que trop l'incurie de certaines administrations à cet égard. Mais, théoriquement au moins, l'Administration représente les usagers du service public; en traitant avec elle, le concessionnaire traite avec la collectivité, et ainsi le contrat de concession de service public peut être assimilé à un contrat conclu entre particuliers.

A cet argument, malheureusement plus théorique que pratique contre la théorie de M. Capitant, nous pouvons ajouter un argument de fait : ce n'est pas seulement à la concession de *service public* que s'applique la jurisprudence administrative de l'imprévision, mais aussi au contrat de *travaux publics*. Dans ce cas, l'entrepreneur qui creuse un égoût, ou qui pave une rue pour le compte de l'Administration, ne retirera du service qu'il rend aucun autre avantage que le salaire de son travail; il accomplit une tâche qui lui est payée par l'Administration exactement dans les mêmes conditions où le lendemain un particulier lui paiera un travail analogue. Il y a donc, entre l'entrepreneur de travaux publics et l'Administration, un contrat où les parties se trouvent en antagonisme, aussi bien que si elles étaient deux personnes ordinaires. Et cependant, avons-nous dit, le Conseil d'Etat, en cette hypothèse, applique aussi bien la théorie de l'imprévision que lorsqu'il s'agit d'une Compagnie de navigation ou d'une Société gazière, fournissant un service public. Voici un exemple : la Ville de Paris avait traité avec un entrepreneur pour creuser des tranchées et des souterrains, et un prix avait été fixé pour le déblayage du mètre cube de matériaux. La rencontre de nappes d'eau étendues obligea l'entrepreneur à effectuer des travaux importants qui n'avaient pas été prévus et qui mettaient à sa charge des dépenses considérables. L'Administration de la Ville, le jugeant lié par son cahier des charges, refusa de lui donner une indemnité. L'affaire vint devant le Conseil d'Etat, qui décida que l'entrepreneur avait droit à une indemnité, et motiva ainsi sa décision :

« Considérant que l'entrepreneur s'est trouvé, dans l'exécution de ses travaux, tant en tranchées qu'en souterrains, aux prises avec des difficultés considérables, tenant à la rencontre de nappes d'eau d'une importance exceptionnelle; que l'imprévision de cette rencontre est attestée par ce fait que l'Administration, modifiant les conditions d'exécution des ouvrages définis au devis, a dû, pour permettre l'exécution de l'aqueduc, prescrire la pose, en dessous du niveau inférieur de la maçonnerie, de plus de douze kilomètres de drains; que par suite, Michon est fondé à réclamer une indemnité pour l'aggravation qu'il a subie de sujétions tenant à la présence de ces eaux, telle qu'elle n'avait pu entrer dans la commune pré-

vision des parties lors de la passation du marché... (1). »

Il nous paraît bien certain qu'en ce cas, la Ville
de Paris et son entrepreneur se trouvaient identi-
quement dans les mêmes conditions que deux particuliers. Faudrait-il donc permettre à un entrepreneur
de se réclamer de l'imprévision lorsqu'il a traité
avec une Administration, et le lui interdire lorsqu'il
a traité avec un particulier ? Il semble que ce serait
une injustice flagrante constituant un privilège fantastique au bénéfice des fournisseurs de l'Administration. D'autre part, la simple équité fait concevoir
qu'il y aurait, en de telles circonstances, un enrichissement injuste pour celui des contractants qui ré-
clame la stricte application du contrat. Il faut donc
faire un choix, et opter soit pour l'application pure
et simple de l'article 1148, et le maintien intégral
de l'esprit individualiste du Code, soit pour l'élargis-
sement des notions de cas fortuit et de force majeure,
et ainsi, pour le remplacement de la notion subjective d'obligation par une notion plus objective.

III. — La notion d'utilité publique

L'idée centrale du contrat de concession de service
public est, avons-nous dit, le *service public* lui-même.
C'est en vue de l'exécution, de la bonne exécution de

1. Conseil d'Etat, 3 février 1905, *Ville de Paris contre Michon*
Lebon, p. 105.

ce service que le contrat a été passé; et nous pouvons en conclure que l'Administration, lorsqu'elle a
conclu son marché avec le concessionnaire, a eu en
vue l'*utilité publique*. Cette notion d'utilité publique
doit-elle être restreinte au seul cas où le contrat est
conclu entre une administration et un concessionnaire de travaux publics, ou doit-elle être étendue à
tous les contrats ?

Lorsque deux particuliers s'engagent mutuellement
à se fournir des prestations quelconques, leur œuvre
paraît tout d'abord une œuvre purement individuelle.
Les intérêts engagés sont des intérêts individuels,
propres à chacun des contractants, et il semble bien
qu'il ne puisse y avoir aucun rapport entre tel contrat de vente et l'intérêt général du groupe social.

Et cependant, nous n'oserions affirmer qu'il en
est absolument ainsi. Chaque homme vivant en société exerce sur cette société une série d'influences,
minimes en elles-mêmes la plupart du temps, mais
dont la somme constitue la variation considérable
que l'on peut observer entre la société d'hier et celle
d'aujourd'hui. En dehors des grands bouleversements
mondiaux, qui précipitent l'évolution des sociétés,
de multiples petites variations quotidiennes et con-
cordantes viennent au jour et font naître l'état social
psychologique ou économique sans lequel ces grands
bouleversements ne pourraient se produire. Or, au
premier rang des facteurs individuels qui peuvent

exercer une influence profonde sur les rapports que les hommes entretiennent entre eux, se trouvent les facteurs financiers. Un homme s'enrichit ou se ruine brusquement : affaire individuelle, dira-t-on; tant mieux pour le nouveau riche, tant pis pour le nouveau pauvre ! affaire sociale, penserons-nous, car cet accroissement ou cette diminution subits de puissance économique amènent inévitablement de nouvelles séries de rapports sociaux. Si nous nous trouvons dans une période de calme économique, les oscillations de richesse entre les uns et les autres pourront parfaitement n'avoir d'autres causes ni d'autres effets que des causes et des effets individuels; et, dans une certaine mesure, l'accroissement de certaines fortunes compensera la diminution de certaines autres. Mais, si l'on se trouve à une période économique moins stable, une grande perturbation pourra se produire dans la répartition des richesses. Et ces périodes de brusques changements, considérées du point de vue de l'utilité générale, sont loin d'être un bien. Pour passer d'un état à un autre sans que l'évolution produise de désordre, il faut passer par toute une série d'états intermédiaires : « *Natura non facit saltus* », disait Leibnitz.

Nous pouvons ainsi penser que cette notion d'utilité générale, destinée, lorsqu'il s'agit d'un service public, à en assurer la bonne exécution, tient aussi une place dans les conventions entre particuliers.

Car c'est aussi un service public qu'il faut assurer, celui de l'ordre et de la tranquillité sociale. Il faut dont chercher à éviter, par tous les moyens possibles, que pendant les périodes de crises, où tant de choses échappent à la volonté du pouvoir social, un facteur de désordre se produise quand on peut l'empêcher. Si, en soi, le fait que Primus se ruine tandis que Secundus s'enrichit est indifférent au point de vue social, le fait que la ruine de Primus peut entraîner celle de sa famille et de ses créanciers, ce qui suscitera de nouvelles ruines, est au contraire très à prendre en considération.

Mais prenons bien garde d'exagérer ce que nous venons de dire : affirmer qu'un contrat conclu entre deux personnes quelles qu'elles soient est une affaire intéressant l'ordre public est exact; mais dire que ce contrat est une affaire uniquement d'ordre public, où l'ordre social tient la première place, serait évidemment paradoxal.

Les faits humains sont trop complexes pour qu'on puisse les classer strictement par catégories; les grandes divisions dans lesquelles nous distribuons les faits sociaux ne sont pas l'expression de réalités; ce ne sont que des créations de l'esprit qui simplifie pour pouvoir comprendre. C'est pourquoi si nous pouvons — et devons — penser que les contrats même particuliers doivent être examinés au point de vue de l'intérêt général, ils doivent surtout être examinés au point de vue de l'intérêt individuel. Les rapports que les hommes entretiennent entre eux ou avec la collectivité doivent être réglés, de telle manière que leur intérêt individuel soit respecté, tant qu'il n'est pas en opposition avec l'intérêt général. C'est pourquoi on peut appliquer à ces rapports particuliers des principes établis pour des rapports avec la collectivité; car on ne conçoit pas pourquoi une règle bonne dans un cas serait mauvaise dans l'autre.

C'est donc en nous plaçant au point de vue individuel comme au point de vue social que nous allons examiner la théorie de la rigidité du contrat.

CHAPITRE V

LES ÉLÉMENTS DU CONTRAT. — LE CONTRAT RIGIDE. — DISPROPORTION ENTRE SES EFFETS ET SES ÉLÉMENTS.

Une des principales raisons — la seule, au fond — pour laquelle les rédacteurs du Code civil avaient reconnu le principe de la rigidité des obligations contractuelles, était que l'homme ne peut s'engager à rien sans y avoir librement consenti. Le consentement qu'il exprimait en concluant son contrat était considéré comme l'expression de sa libre volonté. Or, comme les rapports sociaux ont besoin d'être stables, et comme la volonté peut fort bien varier d'un jour à l'autre, il était de toute nécessité de trouver un élément de fixation de la volonté. On décida donc, à la suite d'une longue tradition, d'ailleurs, remontant jusqu'au droit romain, que le contrat, composé de l'accord de deux volontés créant chacune une obligation pour celui qui la manifestait, serait cet élément de fixation, de stabilisation de la volonté librement manifestée. À partir du moment où il a déclaré ce qu'il voulait, l'homme a perdu une parcelle de son autonomie, de sa souve-

raineté sur lui-même; il s'est engagé envers autrui
et aussi devant sa propre conscience, et désormais,
il est lié par sa parole comme par le serment le plus
sacré. Sa volonté se trouve ainsi liée, et la volonté
étant, dans la pensée des législateurs de 1804, l'élément primordial de toute obligation contractuelle,
tout ce qui n'empêchait pas matériellement l'exécution de cette obligation doit être rejeté comme cause
de résolution du contrat.

Inversement, d'ailleurs, tout ce qui empêcherait la
libre manifestation de la volonté doit être considéré
comme une cause de nullité du contrat. De là, toute
la théorie de l'erreur — à la vérité peu importante
dans notre droit — et du dol. De là, encore, la théorie traditionnelle du *sujet de droit*, d'après laquelle
il faut être capable de vouloir, d'être responsable de
ses actes, pour pouvoir jouir d'un droit; en conséquence, les êtres capables de volonté et de responsabilité sont seuls susceptibles d'avoir des droits et
des devoirs. De là encore, la théorie de la rigidité
du contrat, d'après laquelle l'homme ayant, à un
moment donné, librement manifesté sa volonté, est
responsable de cet acte et doit être strictement tenu
par la loi qu'il s'est imposée à lui-même.

Une telle théorie est-elle absolument exacte ? C'est
ce que nous devons examiner, car si nous reconnais-
sons son exactitude, il nous sera impossible d'admettre
qu'un événement imprévisible, quelles que soient ses

conséquences, puisse jamais causer la rupture du lien contractuel. Nous devons donc rechercher quels sont les éléments qui composent le contrat; nous verrons ensuite ce que peuvent représenter ces éléments dans un contrat rigide à longue échéance, et s'ils justifient la rigidité de ce contrat; cela nous amènera à considérer l'utilité individuelle et sociale du contrat rigide à terme.

Alors que les rédacteurs du Code civil paraissent avoir pensé que la conclusion du contrat dépend uniquement de la volonté, nous devons constater qu'elle dépend en réalité de faits appartenant à deux groupes absolument distincts l'un de l'autre. Il y a un élément volontaire indéniable, et de la plus haute importance; c'est de lui que dépend la conclusion formelle du contrat. Tant que l'une des parties dit « non », aucune obligation ne peut prendre naissance. Il y a aussi d'autres éléments, extra-volontaires ceux-là, mais exerçant une influence profonde sur la conclusion du contrat. Ces éléments sont multiples; ce sont, entre autres, les circonstances économiques existant au moment de l'accord; les prévisions que peut normalement faire un homme normalement informé au sujet des variations économiques qui peuvent se produire pendant l'exécution du marché; la nécessité où l'on est de se procurer ou de vendre un objet; enfin, le prix du marché, qui est bien un des éléments extra-volontaires, puisqu'il dépend non pas de la volonté de l'un des contractants, mais de l'accord des volontés des parties en présence.

Nous trouvons donc dans les contrats deux sortes d'éléments, un subjectif, qui est la volonté, les autres objectifs, qui déterminent la volonté.

I. — Élément subjectif : la volonté

La manifestation d'une volonté est, avons-nous dit, absolument nécessaire à la naissance d'une obligation contractuelle. Qu'est-ce donc que la volonté ?

Selon les psychologues se rattachant à l'école positiviste, la volonté consiste dans le pouvoir que possède un être d'accomplir un acte corporel déterminé, pour obtenir un certain résultat par des moyens spécialement choisis (1). L'acte ainsi fait est le seul résultat que puisse obtenir la volonté; mais cet acte est susceptible de mettre en jeu certaines lois, physiques ou sociales, matérielles ou immuables, ou simplement de droit positif. C'est ainsi que l'acte volontaire tend à réaliser le but poursuivi.

En nous bornant à cette conception strictement positive et scientifique de la volonté, nous pouvons constater que son rôle est à la fois très modeste et très important. La seule matière sur laquelle l'homme

1. Cf. à ce sujet, Duguit, *Traité de droit constitutionnel,* 2ᵉ éd., 1921, t. I, p. 228.

puisse agir directement, sur laquelle son intelligence
ait une prise quelconque, est son propre corps. Il
ne peut rien directement que sur lui-même; et toute
action qu'il tente de réaliser sur autre chose que sur
sa propre matière a lieu par l'intermédiaire que son
corps met en mouvement. Ainsi, directement, rôle
extrêmement minime.

Mais, avons-nous dit, l'acte volontaire, comme d'ailleurs tous les actes humains, met en jeu certaines
lois, physiques ou sociales, et, plus spécialement, juridiques. L'acte volontaire a pour effet de traduire
matériellement une chose impondérable et insaisis-
sable, l'*intention délibérée* de l'homme. Or, l'intention,
physiquement, est à l'abri de toute atteinte; comme
la pensée, nul ne peut la connaître; rien ne peut donc
avoir d'effet sur l'intention de l'homme tant que
cette intention ne s'est pas traduite par quelque chose
de sensible, de matériel. L'acte volontaire est justement la manifestation sensible d'une intention délibérée, réfléchie, de celui qui le fait, dans le but d'apporter une modification quelconque au monde tel
qu'il existe au moment de l'action. C'est une idée
mise à exécution; comme nous le disions tout à
l'heure, beaucoup, et peu de chose.

L'acte qui intervient après délibération et décision
a pour résultat d'apporter une modification au monde
physique ou social, de transformer l'acte interne de
vouloir en fait objectif sensible, et d'imposer le désir

réfléchi, mais invisible et impondérable aux désirs des autres hommes. Ce n'est donc pas, sans doute, la volonté qui s'impose, mais le fait matériel qui en résulte; ce qui, en pratique, revient au même.

L'acte qui manifeste la volonté est donc à la fois peu et beaucoup. Peu, parce que l'acte d'un seul homme ne peut généralement causer de grandes modifications au monde; beaucoup, parce que, parfois, cet acte entraîne une série d'actions et de réactions physiques ou sociales importantes. Cela se produit d'ailleurs aussi lorsque l'acte de l'homme est involontaire : un acte produit toujours un effet quelconque. La particularité de l'acte volontaire est d'être fait en vue d'obtenir un certain résultat, et pour obéir à certains mobiles. Ces mobiles sont essentiellement subjectifs, et peuvent varier à l'infini pour le même acte.

La volonté, dans les contrats, a donc pour rôle de faire accomplir les mouvements nécessaires à l'obtention d'un résultat déterminé, et de décider qu'à telle nécessité correspond tel sacrifice. La volonté est donc essentielle dans le contrat, mais elle n'en est pas la source. Elle est seulement l'acte intellectuel de mise à exécution d'une idée, acte intellectuel agissant par le seul corps de son auteur. En effet, tout ce qui n'est pas le corps même de l'homme échappe à l'action directe de sa volonté; son intelligence même ne subit qu'imparfaitement cette action.

Cela nous démontre bien, nous semble-t-il, qu'il est très exagéré de donner à la volonté un rôle primordial dans la conclusion des contrats; sa part est extrêmement importante, mais elle n'est pas suffisante pour former à elle seule une convention.

II. — Elément objectif : le juste prix

Les éléments extra-volontaires des contrats sont, avons-nous dit, extrêmement importants eux aussi, puisque ce sont eux qui déterminent la volonté des contractants, tout en étant absolument en dehors de la sphère d'action de cette volonté. Ces éléments objectifs du contrat sont constitués principalement par la nécessité où les contractants — l'un d'eux au moins — se trouvent d'acquérir ou de vendre une chose et par l'équivalence qui existe entre les prestations échangées; en somme par la valeur absolue et relative de l'objet du contrat.

Nous nous heurtons donc ici à l'un des problèmes les plus difficiles de l'Economique; en fait de valeur, personne, nous semble-t-il, n'a jusqu'à maintenant apporté de solution bien satisfaisante au problème proposé, puisque chaque école a sa théorie, et détruit la théorie des autres écoles. Il nous paraît donc bien difficile de baser une théorie juridique sur une définition de la valeur, en prenant ce mot dans le sens précis où l'entend l'art économique.

Il en est tout autrement si nous prenons simplement l'idée de valeur telle que le vulgaire la conçoit. Sans qu'aucune explication scientifique soit nécessaire, on comprend sans difficulté qu'un jeune pur sang vaut plus qu'un vieux cheval de labour, et que l'on fait une mauvaise affaire en échangeant de l'or contre le même poids d'argent. C'est donc en revenir à la notion du *juste prix*, notion bien plus philosophique que purement économique en raison des idées morales qui entrent pour une grande part dans sa composition.

Cette idée de juste prix préoccupe depuis longtemps penseurs et philosophes ; dans sa thèse extrêmement intéressante sur *L'idée de juste prix*, M. de Tarde donne de multiples exemples de cette préoccupation : Aristote, dans sa *Morale à Nicomaque* (1), dit que l'échange doit être réciproque, et tel que chacun se retrouve ensuite dans le même état où il était auparavant.

Pour Saint-Albert, il doit y avoir *réciprocité proportionnelle (contrapassum)*, c'est-à-dire que chaque partie doit subir ce qu'elle fait éprouver à son co-contractant pour que le contrat soit juste ;

Langenstein, lui, fait intervenir une autre idée, celle de l'*indigentia* de l'acquéreur, c'est-à-dire, en somme, celle de l'utilité qu'il a à acquérir la chose.

1. Livre V, chap. IV *in fine*, cité par de Tarde, *l'Idée du juste prix*. Th. Paris, 1906, p. 25.

Quant à Saint-Thomas, il écarte l'idée d'*indigen-tia*, et pense que chaque chose a une valeur intrin-sèque que l'on peut calculer d'après son coût de pro-duction (1). Aussi, à la question de savoir si l'on peut vendre plus cher, selon le sentiment ou le besoin de l'acheteur, il répond absolument par la négative : « *Non debet eam supervendere, quia uti-litas, quæ alteri accrescit*, NON EST EX VENDENTE, SED EX CONDITIONE EMENTIS ; NULLUS AUTEM DEBET VENDERE QUOD SUUM NON EST. » Et M. de Tarde, commentant ce passage de saint-Thomas, de nous dire : « Le « vendeur ne peut profiter que de ce qui est sien, « c'est-à-dire de ce qui est le résultat de son activité; « *les circonstances de la vente ne peuvent l'enrichir* « *sans injustice, car elles ne dépendent pas de* « *lui* (2). »

Il nous paraît que ces diverses formules contien-nent chacune une part de vérité; pour une raison ou pour une autre, un objet se trouve avoir une valeur déterminée à un certain moment; en l'ac-quérant à meilleur compte ou en le vendant plus que cette valeur, il y a enrichissement injuste du ven-deur ou de l'acquéreur.

En définitive, pour que le contrat soit juste, il

1. Cette théorie nous parait erronée ; un objet inutilisable est sans valeur, quel qu'ait été le travail nécessaire pour le produire. Cf. Ch. Gide, *Cours d'économie politique*, 5ᵉ éd., t. I, p. 73 sq.

2. De Tarde, *op. cit.*, p. 36.

faut qu'il y ait équivalence entre les prestations échangées, c'est-à-dire que le contrat stipule un juste prix; et ce juste prix est le prix normal de la marchandise vendue, le prix courant.

Ainsi, le contrat est dominé par deux éléments fondamentaux : la volonté, représentant les besoins des contractants et engageant leur responsabilité, et le juste prix. Recherchons maintenant ce qui se produit lorsque nous nous trouvons en présence d'un contrat à terme rigide.

III. — LA VOLONTÉ ET L'IMPRÉVISIBILITÉ

Que devient la volonté des contractants, leur pouvoir de décision, lorsqu'un événement imprévisible vient bouleverser un contrat rigide à terme ? que devient alors la notion de juste prix ?

Dans un contrat, la manifestation de volonté est, avons-nous dit, l'acte par lequel les parties s'engagent à se fournir réciproquement certaines prestations auxquelles chacun trouve son avantage. Mais, le pouvoir de décision de l'homme est essentiellement subjectif et n'engage que lui-même. Quelle que soit la volonté de chacun, le monde continue à vivre et à se transformer indépendamment de cette volonté; ces variations du monde extérieur, qui vont influer sur la fixation du juste prix, constituent les modalités de l'obligation, modalités sur lesquelles les

volontés particulières ne peuvent pour ainsi dire
rien. Or, dans un contrat rigide à terme, tout se
passe comme si les contractants fixaient non seulement leur volonté, mais encore les éléments extérieurs à cette volonté, et qui en sont indépendants.
Un marchand de charbon s'engage à livrer sa marchandise à un prix déterminé; la guerre éclate, le
prix du charbon subit des variations insensées et du-
rables; il est néanmoins tenu. Quelle part ce commerçant aura-t-il eue dans le fait qui aura causé
sinon sa ruine, du moins son appauvrissement? Aucune. Est-il donc juste qu'il soit obligé de subir les
conséquences désastreuses d'un fait qu'il ne pouvait
ni prévoir, ni très certainement empêcher, ni peut-
être même seulement imaginer? Est-il juste que son
créancier se trouve enrichi dans la proportion où il
a été appauvri, par un fait imprévisible? Certes non,
à moins que ce commerçant n'ait agi comme un
joueur.

A cela, on répondra, sans doute, que lorsqu'on
s'engage dans une opération à long terme, on doit
savoir que tout est possible, et que si l'on ne voulait pas supporter les conséquences d'une telle opération, il ne fallait pas la tenter. Ce à quoi nous
pourrons répliquer que mettre les commerçants et
les industriels dans une situation telle qu'ils ne puissent opérer avec sécurité qu'au comptant ou à très
court terme, c'est souvent paralyser leur action.

On nous dira que ne pas exécuter une convention est manquer à la règle morale qui veut qu'un engagement pris soit formellement respecté. Cela n'est plus aussi évident lorsqu'on se rappelle la distinction que nous avons faite au sujet des éléments qui contribuent à la naissance de l'obligation : éléments volontaires et éléments extra-volontaires. La loi morale proclame que l'élément volontaire, une fois déterminé, doit rester immuable; la même loi morale peut-elle, en même temps, ordonner aux circonstances externes de rester identiques à elles-mêmes ? Non. Aussi, sans faire de casuistique, on peut, nous semble-t-il, analyser l'élément volonté de la manière suivante :

Celui qui s'engage décide de fournir une chose à un prix déterminé; il a supputé ses chances de gain et de perte, et la décision qu'il a prise a été conditionnée par les événements en cours et les événements probables au moment où il s'est décidé. En s'engageant, il a estimé pouvoir faire un certain gain, et ne pas dépasser une certaine perte; et naturellement, il a pris ses précautions pour que cette perte soit aussi limitée que possible. La volonté qu'il a manifestée est donc la suivante: livrer une marchandise à un prix tel que le bénéfice probable soit de tant, et que le risque de perte soit à peu près anéanti.

En conséquence, il fixe un prix qui correspond, d'après les données dont il dispose et les prévisions qu'il peut raisonnablement faire, au bénéfice qu'il pense pouvoir réaliser. Mais, faut-il ne retenir, dans sa manifestation de volonté, que le chiffre donné ? ne faut-il pas retenir aussi la supputation de gain et de perte que représente ce chiffre ? La volonté n'est-elle pas plutôt dans la limitation du risque que représente cette supputation que dans le prix indiqué ?

Si nous l'admettons, nous pouvons conclure que la loi morale ne se trouve nullement atteinte par la théorie de l'imprévision : la seule modification apportée au contrat a trait à ce qui est extérieur à la volonté, à ce qui échappe au domaine de la loi morale. On est ainsi bien loin de la manière d'envisager la question de M. Tarde, lorsqu'il dit : « Au « moment où l'on dit que ma propre volonté m'oblige, « cette volonté n'est plus, elle m'est devenue étran- « gère... Mon vouloir passé, qui n'est plus, mais qui « pourtant s'impose à moi, et qu'on m'oppose, est « comparable à la volonté des aïeux qui dirige les « vivants (1). »

Est-il exact de dire : « Ma volonté n'est plus, elle m'est devenue étrangère ? » Nous ne le croyons pas. Ce qui n'est plus, ce qui a varié, ce sont les circonstances, c'est le milieu dans lequel agit cette volonté. La volonté d'un homme raisonnable est une ; elle est stable ; elle persiste. Ce qui peut varier, ce sont

1. Tarde, *Transformations du droit*, 7ᵉ éd., p. 121.

les modalités de la volonté, parce que ces modalités sont indépendantes de l'homme lui-même, et changent avec le monde extérieur; ce qui est stable, c'est la manifestation subjective du moi, enchaîné par la loi morale et sociale.

On ne peut donc raisonnablement demander à une personne de fixer l'évolution du monde extérieur par sa déclaration de volonté; on ne peut donc lui faire un grief moral de se dérober à l'exécution d'une obligation, lorsque cette exécution doit avoir lieu dans de telles circonstances que les conditions de l'acte sont totalement changées. Un théologien éminent, auquel nous avons soumis la question, nous a répondu : « Il n'y a pas matière à absolution. » Et il appuyait son avis sur cette opinion du théologien moraliste Lehmkül, qui s'est fait, paraît-il, en la circonstance l'écho de l'enseignement traditionnel de l'Eglise catholique : « *Contractus autem obligatio sumitur secundum voluntatem contrahentium, rationaliter intellectam, ita ut non extendatur ad circumstantias non prævisas, quæ valde mutant contractus objectum.*

« *Hinc,... obligatio exorta finitur... 4) si mutatis circumstantiis obligatio corruere censetur.* »

L'intérêt de ce texte de Lehmkül s'accroît encore quand on le rapproche de ce texte de saint Thomas d'Aquin, visant lui aussi notre hypothèse : « Celui qui promet une chose, s'il a l'intention de faire ce qu'il promet, ne ment pas, parce qu'il ne parle pas contre sa pensée. Mais, s'il ne fait pas ce qu'il a promis, il paraît alors commettre une infidélité, par là même qu'il change de dessein. Cependant, il peut être excusable... si les conditions des personnes et des choses sont changées... autrement, celui qui a fait la promesse n'a pas été menteur parce qu'il avait promis ce qu'il avait dans l'esprit, *en sous-entendant les conditions légitimes;* il n'est pas non plus infidèle en ne remplissant pas sa promesse, parce que les conditions ont changé (1). »

Il nous a paru, en conséquence, inutile de rechercher au point de vue moral de plus amples justifications de la théorie de l'imprévision.

IV. — Le juste prix et l'imprévisibilité

D'après ce que nous avons dit au paragraphe III de ce chapitre, le juste prix d'une marchandise est le prix auquel cette marchandise est généralement évaluée, dans une contrée donnée, en tenant compte, consciemment ou non, d'un grand nombre de facteurs. Le juste prix est donc généralement représenté par le cours normal de la marchandise; le contrat sera donc juste lorsqu'il aura été conclu aux alen-

---

1. Saint Thomas, *Sum. theol.*, 2ᵉ pari., 2ᵉ sect., question 110, art. 3 cité par Voirin, *De l'imprévision dans les rapports de droit privé.* Th. Nancy, 1922, p. 45, et Bruzin, *Essai sur la notion d'imprévision et sur son rôle en matière contractuelle.* Th. Bordeaux, 1922, p. 94.

tours du prix moyen. Pour les opérations au comptant, il n'y a donc guère de difficultés; mais, cela
devient beaucoup plus compliqué lorsqu'il s'agit
d'opérations à terme, et encore plus d'opérations à
termes échelonnés sur une assez longue période.

Pendant les périodes économiques calmes, le cours
moyen normal d'une marchandise n'est pas sujet,
en règle générale, à des variations extraordinaires :
nous en avons donné un exemple avec le cours du
charbon pour la période 1903-1913 (1). Nul ne
peut savoir exactement ce que seront ces variations
au moment où le contrat est conclu; mais ce que les
contractants savent, c'est que ces variations existe-
ront et que, selon toutes probabilités, elles ne dépas-
seront pas une certaine amplitude que l'étude du
passé peut à peu près faire connaître; ils tiennent
donc compte de l'amplitude prévisible de ces variations pour établir un prix qu'ils estiment devoir
être avantageux pour chacun, et le prix ainsi établi,
d'après le processus que nous avons indiqué au chapitre précédent, est très généralement un juste prix.
Il en est ainsi lorsqu'aucun événement extraordinaire
ne vient modifier le marché économique. Mais il n'en
est plus de même, lorsqu'un événement imprévisible
vient bouleverser la vie économique, et rendre rui-
neux pour l'une des parties un contrat primitivement
avantageux pour l'un et l'autre contractant. Le prix

1. Cf. *supra*.

que le débiteur reçoit de sa marchandise ne constitue plus une équivalence de ce qu'il donne; les deux
parties ne se trouvent plus, après exécution de leur
obligation, dans le même état d'équilibre qu'auparavant. Il n'y a pas de réel *contrapassum*, par con-
séquent pas de juste prix. Il y a donc enrichissement
injuste du créancier, et l'on pourrait même dire enrichissement sans cause, car le contrat ne peut en réalité comprendre, nous l'avons vu, l'obligation de subir
les variations extérieures à la volonté.

Mais on fait ici une objection qui n'est pas sans
valeur. L'individu, dit-on, qui s'engage à livrer une
marchandise à terme, de même que celui qui prend
l'engagement de recevoir cette marchandise, fait une
véritable spéculation. Il joue sur les chances que
la marchandise en question a de rester à un prix
stationnaire; le vendeur espère qu'elle baissera; l'a-
cheteur qu'elle montera. Pourquoi, en effet, conclure des contrats à longues échéances? Un homme
raisonnable sait qu'on ne peut jamais être sûr de
l'avenir; malgré cela, l'engagement a été pris de
recevoir ou de donner un prix considéré comme
juste; si l'on s'est trompé, tant pis; le prix stipulé
n'en demeure pas moins un juste prix, puisque les
contractants ont voulu courir leur chance.

Cette objection peut parfois être justifiée. Les personnes qui s'engagent à acheter ou à vendre certaines marchandises pendant une période déterminée

à un prix fixe font un acte certain de spéculation. Tel ce viticulteur qui, en 1909, s'était engagé à vendre pendant quinze ans sa récolte à un négociant au prix de 15 francs l'hectolitre. Mais si, en ce cas, en raison des variations constantes du cours des vins, nous nous trouvons en présence d'une véritable spéculation, il est bien d'autres circonstances où la conclusion de contrats à longs termes est utile et même nécessaire. Il en est ainsi d'abord pour que le vendeur puisse acquérir ou produire la marchandise demandée en grosses quantités qui lui permettront d'abaisser son prix de vente ou de se procurer un outillage spécial; ensuite, parce que l'acheteur peut avoir besoin de marchandises déterminées, ne sortant que de certaines usines; enfin, parce que le prix est parfois imposé par voie d'autorité au vendeur pour une certaine période, notamment pour les fournitures de services publics.

S'il y a donc parfois une spéculation au fond de certaines opérations à long terme, très souvent il n'en est rien; ces opérations sont le résultat de nécessités commerciales ou administratives, et le contrat conclu à un juste prix pendant une période calme devient souverainement injuste lorsque la vie économique est troublée profondément par des événements imprévisibles au moment de la conclusion de l'accord, si cet accord ne peut d'aucune façon être révisé.

Nous pouvons donc dire qu'un contrat rigide à long

terme en cas de survenance de faits imprévisibles,
ne correspond dans la plupart des cas ni à la volonté
réelle des parties, ni à la notion de juste prix.

V. — Avantages et inconvénients de la rigidité du lien contractuel

Mais la rigidité du lien contractuel n'est-elle pas
indispensable au point de vue pratique ? C'est du
moins l'avis de certains adversaires de la théorie
de l'imprévision. D'après eux, en effet, cette nou-
veauté ne pourrait servir qu'à faire naître de multiples procès et à favoriser la spéculation. Mais, le
contrat rigide a-t-il, au point de vue de la stabilité
des rapports entre contractants, et au point de vue
de la restriction de la spéculation, toutes les qualités
que l'on veut bien lui prêter ?

Au point de vue individuel, le contrat rigide a certainement de gros avantages. On l'a dit et répété, il
constitue comme une sorte d'assurance mutuelle que
les contractants se donnent contre les variations possibles de leur humeur et de leur volonté; il en-
chaîne le pouvoir de décider et le fixe à un certain
point convenu entre les parties. C'est donc une cause
de sécurité et de stabilité pour l'avenir. L'acheteur,
sachant que pendant une période déterminée, il
pourra disposer d'une certaine quantité de marchan-

dises à un prix déterminé, pourra supprimer bien des chances d'imprévision dans l'établissement des contrats qu'il passera avec ses futurs acheteurs. Le contrat rigide est donc certainement un élément de sécurité dans les rapports économiques.

Au point de vue social, l'accord rigide entre les parties est également une cause de sécurité et de tranquillité. Chacun connaissant formellement ses droits et ses devoirs, sans que, théoriquement au moins, la discussion soit possible, ce système tend donc à faire éviter les procès et les contestations en tous genres. Et, quand les parties en désaccord comparaissent devant le juge, la besogne de celui-ci se trouve très simple : elle est réduite à l'application d'un texte, celui du contrat. Ce n'est donc pas un tiers qui intervient dans le litige, et la société représentée par le magistrat garde une stricte neutralité dans le conflit; elle ne fait qu'appliquer la volonté des parties, et échappe donc à toute responsabilité.

Ainsi, les avantages du contrat rigide résident donc en ce qu'il est un élément de calme et de sécurité. C'est exact lorsqu'il s'agit d'obligation contractée et exécutée pendant une période économique calme. Lorsqu'au contraire l'obligation contractée en période de stabilité économique et sociale se trouve devoir être exécutée pendant une période de trouble, ou lorsqu'un fait nouveau vient bouleverser la branche économique au sujet de laquelle on avait traité, la rigidité du contrat devient nuisible tant pour l'individu que pour le groupe social. Nous rappelons les exemples que nous avons déjà donnés :

Une Administration traite avec un concessionnaire pour assurer un service à des conditions déterminées; une découverte se produit, qui permet d'assurer le même service dans de nouvelles conditions plus avantageuses pour les usagers; si l'on admet que le contrat est rigide, aucune amélioration ne peut être apportée au service public tant que dure la concession, au grand dommage des usagers.

Autre exemple : un industriel s'engage à fournir, pendant une certaine période, une marchandise moyennant un prix déterminé; une découverte scientifique vient bouleverser le mode de production, le simplifier et abaisser le coût de production dans de telles proportions que la valeur de la marchandise est considérablement diminuée. L'acheteur est cependant formellement tenu de prendre la marchandise au prix qu'il a stipulé; d'où, appauvrissement pour lui et enrichissement, non pas sans cause, mais injuste de l'industriel. Inversement, une guerre, une crise économique ou sociale fait monter démesurément le coût de production de la marchandise, accroît considérablement sa valeur : l'industriel est cependant obligé de livrer au prix convenu, et l'acquéreur s'enrichit à ses dépens. Dans l'un et l'autre cas, pour un commerçant ou un industriel qui réussit,

il y a beaucoup de pertes, souvent même des fail-
lites, qui se commandent les unes les autres, et,
pour respecter la rigidité du lien contractuel, on a
créé du désordre et ajouté au trouble.

Ainsi, même au point de vue pratique, la règle de
la rigidité du lien contractuel a de sérieux inconvé-
nients; faite pour assurer et maintenir l'équilibre,
l'équité et l'ordre dans les transactions contractuelles,
elle manque son but lorsque l'obligation doit être
exécutée au milieu de circonstances imprévisibles au
moment du contrat, et qui, cependant, se sont réali-
sées.

VI. — LA CLAUSE « REBUS SIC STANTIBUS »

Ainsi, nous pouvons penser que la rigidité absolue du lien contractuel est nuisible en certains cas.
Cela tient à ce que l'on oublie trop souvent qu'une
loi sociale ou contractuelle ne doit pouvoir s'appliquer, comme une loi scientifique que « toutes
choses étant égales d'ailleurs », comme disent les
physiciens. Si le milieu dans lequel se trouvent les
éléments varie, la loi ne peut plus jouer, et c'est
une autre loi qui s'impose. Il doit en être de même
dans le droit positif; notre législation pénale nous en
donne d'ailleurs des exemples: les circonstances atté-
nuantes ou aggravantes, changeant la répression d'une
infraction, ou même attribuant à cette infraction une

qualification différente de celle que la loi reconnaît en général au fait poursuivi, sont consacrées par le Code pénal; de même, la loi Bérenger prévoit des adoucissements de peine pour certains délinquants. On reconnaît donc que certains faits, étrangers en eux-mêmes au fait poursuivi, doivent exercer une influence sur la qualification et la répression de l'infraction.

Nous pensons donc qu'il serait également juste de tenir compte, en droit civil, des circonstances extérieures; et cela, pour protéger l'individu, dans l'intérêt même de la société. La théorie de la rigidité du contrat, en effet, reconnaît à la personne humaine un pouvoir qu'elle ne possède pas, nous croyons l'avoir démontré. L'exercice de ce pouvoir est vain et nuisible à l'homme, dont la volonté seule se trouve enchaînée, alors que tout continue à se transformer autour de lui. Ainsi, une trop intense application des principes individualistes détruit l'autonomie de la personne humaine. Les mêmes principes appliqués à ce droit individualiste qu'est le Droit international public auraient les mêmes effets; l'indépendance des Etats se trouverait menacée. « Enlevez à un Etat souverain, écrit M. de Louter (1), la faculté de réviser et de refaire les engagements qu'il a pris un jour,

---

1. De Louter, *la Crise du droit international* (*Rev. gén. de droit intern. public*, 1919, p. 103).

et vous aurez annulé sa souveraineté, vous l'aurez soumis à une autorité supérieure à laquelle il ne pourra se soustraire que par la force ou l'insurrection. »

C'est pourquoi l'on considère, à moins de convention contraire, la clause *rebus sic stantibus* comme sous-entendue dans les conventions internationales (1). Pourquoi n'en serait-il pas de même dans les contrats particuliers ? On sous-entendrait simplement dans tous les contrats, sauf, naturellement, stipulation contraire expressément formulée, l'idée que les règles destinées à régir les relations des parties contractantes n'auraient de valeur que si les circonstances restaient non pas identiques, ce qui serait impossible à réaliser, mais analogues à ce qu'elles étaient au jour du contrat. Si ces circonstances venaient à changer — *rebus sic non stantibus* — la loi contractuelle devrait, elle aussi, subir des modifications. La volonté de s'obliger demeurerait, mais les modalités de l'obligation varieraient dans la proportion où auraient varié les éléments ayant déterminé l'accord de volonté.

Ainsi, la théorie du contrat à terme rigide ne nous paraît nécessaire ni au point de vue moral, ni au

1. Cf. sur la clause *rebus sic stantibus* et la théorie de l'imprévision en droit international public, Bruzin, *Essai sur la notion imprévision et our son rôle en matière contractuelle.* Th. Bordeaux, 1922, p. 112 sq. et 289 sq.

point de vue pratique; et à ce double point de vue
la théorie de l'imprévision offre de très grands avantages; nous croyons donc qu'on peut l'accepter sans
scandale.

CHAPITRE VI

ESSAI D'UNE « THÉORIE DE L'IMPRÉVISION »

Pour tenter d'édifier une théorie de l'imprévision, nous devons retenir plusieurs points de tout ce que nous avons déjà dit :

D'abord, que la notion subjective d'obligation n'est pas absolument exacte; une obligation ne dépend pas uniquement de la volonté des contractants; toute variation importante du milieu, indépendante de la volonté des parties et exerçant une influence sur l'obligation, doit pouvoir entraîner une variation équivalente dans les modalités de l'obligation.

Ensuite, qu'un droit ou une obligation ne constituent pas seulement un droit ou une obligation individuels, mais sont des éléments de la vie sociale, et cela aussi bien lorsqu'il s'agit de droits ou d'obligations relevant du droit privé que lorsqu'il s'agit de droits ou d'obligations relevant du droit public.

C'est ce que nous voulons en partie reprendre pour exposer une théorie de l'imprévision. Nous venons de nous expliquer assez longuement sur les variations indépendantes de la volonté des contractants pour qu'il soit nécessaire de revenir sur cette question. Bornons-nous à rappeler qu'il nous paraît absolument injuste de faire supporter à une personne les conséquences d'un fait imprévisible qui la ruine et qui enrichit sans raison valable son co-contractant, alors qu'elle ne pouvait d'aucune manière agir sur ces faits.

Recherchons donc maintenant dans quelle mesure une obligation particulière constitue un fait social, dont la stabilité est nécessaire à l'ordre public, et si nous pouvons établir notre théorie de l'imprévision sur cette base.

I. — LE FONDEMENT DE LA THÉORIE : LA NOTION D'UTILITÉ GÉNÉRALE

Nous avons relevé, avec M. Hauriou et M. Capitant que, dans les conventions de concession de service public, l'idée de *service public*, donc d'*utilité générale*, primait l'idée de contrat. Nous avons vu que M. Capitant estime que ce phénomène se produit uniquement dans les contrats de concession de service public, et que dans les conventions entre particuliers, la notion de contrat est toujours dominante, par suite de l'antagonisme que crée entre les contractants les rapports de créancier à débiteur : chaque partie, obéissant à son instinct égoïste, cherche à obtenir beaucoup en cédant très peu. Nous avons déjà dit (1) que cette doctrine ne nous paraît pas absolument exacte et que la notion d'utilité générale ne nous paraissait pas devoir être aussi rigoureusement écartée des contrats conclus entre particuliers. A la théorie que nous avons déjà indiquée, nous devons encore ajouter que la doctrine très strictement individualiste que soutient la grande autorité de M. Capitant, fait entièrement abstraction de ce que la théologie appelle la *justice commutative*. Sans vouloir faire ici œuvre de métaphysicien, nous devons cependant remarquer que l'équilibre dans les échanges est une règle morale absolue; que la morale est un fait, tout comme la loi écrite, et plus encore car ses variations sont moindres; qu'en conséquence, on en doit tenir compte dans l'établissement des règles que doivent observer les hommes dans leurs rapports les uns avec les autres. A ce sujet, nous avons remarqué que le Conseil d'Etat avait admis que l'imprévisibilité peut être invoquée comme cause de modifications aux termes du contrat, même lorsque les parties se trouvent liées de la manière où peuvent l'être deux particuliers.

Nous avons fait ressortir — du moins nous l'espérons — ce que peut avoir d'injuste aussi bien pour le créancier que pour le débiteur, la rigidité absolue du contrat. Sur quoi s'appuie la doctrine de la rigidité du contrat? Sur une manifestation de volonté;

1. Cf. *supra*.

or, la volonté ne peut pas fixer les éléments extérieurs
à celui qui la manifeste. La doctrine de la stabilité
de la convention et de la variabilité de ses modalités,
pour être viable, doit donc s'appuyer sur quelque
chose d'extérieur à l'homme. Evidemment, faire ren-
trer l'imprévisibilité dans le domaine de l'homme
même, ce serait remplacer un fait subjectif, la volonté de vouloir, par un autre fait également subjectif, la volonté de ne plus vouloir. Il nous faut donc
une base objective à notre théorie, et cette base,
M. Chardenet, dans ses conclusions sur l'affaire *Gaz
de Bordeaux*, M. Hauriou, M. Capitant lui-même,
nous la fournissent; c'est celle que nous avons déjà
indiquée, l'*utilité sociale*.

La question devra donc, à nos yeux, se poser de
la manière suivante : *Un engagement a été pris; en
principe, il doit être intégralement et strictement exécuté; mais, lorsque des circonstances extérieures viennent apporter à l'équilibre de la convention un trouble considérable, ou même simplement sensible, est-il
utile à la société que l'une des parties subisse, du
fait de la convention, une perte injuste, et que la
convention soit intégralement maintenue, ou, au contraire, que l'équilibre soit rétabli dans les prestations
des contractants et que la convention soit modifiée?*

Qu'est-ce donc qui est utile à la société? Que l'activité économique de ses membres soit aussi intense
que possible et que leurs chances de pertes soient

aussi minimes que possible. Il faut donc chercher à établir un équilibre entre les chances de gain et les chances de perte, et il nous semble que l'admission de l'imprévisibilité comme cause de résolution ou de modification des contrats permette de réaliser, dans une certaine mesure, cet équilibre.

La rigidité absolue du lien contractuel, en empêchant les hommes de se délier d'une obligation devenue ruineuse, ou de la modifier de manière à la rendre raisonnable, ne peut que restreindre leur activité économique; une personne raisonnable doit, en effet, réduire les chances de risque au minimum lorsqu'elle conclut un contrat. Si l'on sait que rien ne peut modifier la convention, même lorsque les circonstances extérieures la rendent pratiquement inexécutable, on cherchera à éviter les obligations à longue échéance, comme présentant un aléa trop considérable. Comme, à l'heure actuelle, les opérations à long terme sont fréquentes, le maintien de la rigidité du lien contractuel ne peut que créer des entraves sérieuses aux transactions économiques ou être la source de contestations toujours fort désagréables pour les parties.

Au contraire, si l'on sait que lorsque, les circonstances ayant changé, la perte devient de beaucoup supérieure à ce que l'on pouvait raisonnablement prévoir au moment de la conclusion du contrat, on peut modifier la convention et ramener l'obligation à des proportions équitables, bien des personnes qui, actuellement, n'osent risquer leurs capitaux ni leur activité dans les affaires, s'y décideront. Adopter une telle règle juridique pourrait donc amener un accroissement de l'activité économique, en conséquence une plus-value sociale.

Aussi, il nous paraît que pour être conforme aux intérêts qu'elle régit, la loi devrait admettre que tant que le milieu dans lequel doit s'exécuter l'obligation est invariable, ou que ses variations ne dépassent pas ce qui pouvait être normalement prévu, la convention doit produire tous ses effets; mais, si ce milieu vient, pour une raison ou une autre, à changer, on doit chercher à assurer la stabilité du contrat, conformément à l'utilité générale, en en modifiant les modalités.

C'est là une théorie objective de l'obligation que l'on pourrait, croyons-nous, rapprocher de la théorie objective de la propriété qu'expose M. Duguit dans ses *Transformations générales du Droit privé*.

M. Duguit s'appuie sur cette idée d'Auguste Comte: « Dans tout état normal de l'humanité, chaque citoyen quelconque constitue réellement un *fonctionnaire public*, dont les attributions plus ou moins définies déterminent à la fois les obligations et les prétentions. Ce principe universel doit certainement s'étendre jusqu'à la propriété, où le positivisme voit surtout une indispensable fonction sociale, destinée à former et à administrer les capitaux dans lesquels chaque génération prépare les travaux de la suivante. Sagement conçue, cette appréciation normale annoblit sa possession, sans restreindre sa juste liberté, et même en la faisant mieux respecter (1). »

Effacement de l'individu devant l'utilité générale, idée de la continuité de l'œuvre humaine à laquelle collaborent les générations successives, au lieu de l'idée de l'individualisation du travail et de ses profits dans le temps et dans l'espace, telle est la doctrine de Comte, que l'on peut rapprocher de ce mot que le marquis de La Tour du Pin-La-Charce place dans la bouche de son père lui faisant parcourir sa propriété : « Rappelle-toi toujours que tu ne seras que l'administrateur de cette terre pour ses habitants (2). »

Ainsi, la personne même du propriétaire doit s'effacer devant sa fonction sociale; ses droits subjectifs, ses droits individuels doivent s'effacer devant ses devoirs sociaux. C'est pourquoi, d'après M. Duguit, il est juste de contraindre le propriétaire à louer sa maison ou à cultiver son champ, si cela est utile à la collectivité. Nous avons vu l'application de ces idées en exposant ce qui a été fait pendant la guerre de 1914-1918 pour les locations d'immeubles; c'est

1. *Système de politique positive*, éd. de 1892, I, 156, cité par Duguit, *Transformations du droit privé depuis le Code Napoléon*, 2ᵉ éd., p. 159.

2. *Vers un ordre social, chrétien*, 2ᵉ éd., p. 4. « C'était la notion sociale de propriété », ajoute M. de La Tour-du-Pin.

par application du même principe que l'on a modifié l'article 419 du Code pénal, de manière à réprimer ce qu'on a appelé la *spéculation illicite;* c'est dans le même esprit que la loi du 4 août 1914 a autorisé le gouvernement à prendre, par voie réglementaire, toutes les mesures moratoires que nous avons connues pendant la guerre. Or, nous pouvons nous rappeler ce que nous disions plus haut : que toutes ces mesures extraordinaires se rattachent étroitement à la notion d'imprévisibilité, puisqu'elles ont été prises à la suite de l'imprévision des contractants, et aussi, il faut bien le dire, du législateur, n'ayant pu concevoir normalement la possibilité d'une situation telle que celle que nous traversons depuis 1914.

Ainsi, pour M. Duguit, c'est la fonction sociale résultant du droit de propriété bien plus que le droit subjectif en lui-même qui doit être prise en considération. Nous pouvons nous demander pourquoi, si l'on admet une pareille doctrine — et les lois récentes montrent qu'on tend à l'admettre — l'état de fait qu'est le droit de propriété devrait être considéré objectivement, au point de vue social, tandis que cet autre état de fait — l'obligation — ne devrait être considéré que dans sa subjectivité. L'utilité sociale peut nécessiter que le droit de propriété puisse être considéré en relation des besoins de la collectivité, et elle engendre ainsi une nouvelle obligation pour le titulaire du droit, celle de voir diminuer la puissance qu'il possède sur la chose. Or, l'obligation est un droit pour le débiteur comme pour le créancier, droit de se considérer comme libéré à certaines conditions stipulées au contrat, droit d'exiger une prestation ou une chose; elle peut donc subir les mêmes modifications que le droit de propriété, si cela est nécessaire au bien général. Or, nous croyons l'avoir démontré, le bien général n'est pas absolument lié à la rigidité du lien contractuel; il est même, au contraire, évident qu'en certains cas, cette rigidité est néfaste au bien commun.

De l'existence du droit de chacun des contractants, liés par le contrat, de l'existence du milieu dans lequel doit s'exécuter l'obligation, nous pouvons conclure que la situation de débiteur ou de créancier est une fonction sociale au même titre que la fonction de propriétaire. Cette fonction dépend, dans une certaine mesure, de la situation de la volonté, et, dans cette même mesure, est indépendante de la volonté des contractants.

Nous voyons donc clairement ce qui est nécessaire au bien général. C'est le maintien de la stabilité des rapports entre les hommes, et des modalités de ces rapports, dans la mesure où leurs conséquences ne dépasse pas le pouvoir de décider réel des contractants. Chaque fois qu'un élément extérieur à cette volonté et imprévisible au moment de la conclusion de l'accord viendra troubler l'harmonie du rapport établi par le contrat, il faudra prendre les mesures nécessaires pour sauvegarder les intérêts légitimes des uns et des autres. Pour cela, il faudra écarter la rigidité des conventions, et admettre que la survenance de ces événements imprévisibles, rendant l'exécution de l'obligation trop lourde ou trop onéreuse, sera réputée cas de force majeure.

II. — Une théorie de l'imprévision

C'est donc sur l'idée du bien commun des hommes vivant en société que nous pouvons faire reposer notre théorie de l'imprévision. Dans quelles circonstances cette théorie doit-elle s'appliquer ? Comme c'est, avant tout, un principe d'équité et d'ordre social que nous voudrions voir introduire dans notre législation, il est nécessaire de veiller à ce que sa mise en application ne puisse ni servir des causes injustes, ni causer du trouble; c'est à ce résultat que l'on arriverait si la théorie de l'imprévision, détournée de son véritable objet, devenait un instrument de spéculation ou faisait naître à chaque instant des procès entre les parties.

La théorie de l'imprévision, cela est évident, ne peut s'appliquer qu'aux contrats à terme. Mais — nous devons insister ici sur une idée que nous avons déjà indiquée — il nous faut remarquer que, *souvent*, les opérations à terme comprennent une part de spéculation; il y a donc lieu de rechercher, dans chaque espèce, s'il existe un élément important de spéculation, assez important pour avoir déterminé la conclusion du contrat. Si cet élément existe, la théorie de l'imprévision ne doit pas jouer, ou ne doit pas entièrement jouer. Il y a lieu de faire supporter au spéculateur la part de risque de l'opération qu'il a tentée. Il paraît donc impossible de donner à ce sujet une règle immuable : c'est au juge d'apprécier souverainement les faits qui lui sont soumis (1).

Il faut en outre que les prix auxquels le contrat soumet les parties soient tellement disproportionnés avec ceux qui sont en cours au moment de l'exécution, que cette exécution devienne extrêmement lourde et onéreuse. Il ne faut pas perdre de vue, en effet, que la survenance de ce prix imprévu doit être assimilé au cas de force majeure; il est donc nécessaire qu'il y ait une quasi-impossibilité de livrer au prix convenu, une impossibilité morale, si l'on peut dire, pour que le débiteur soit délié de son obligation. Il faut donc que le prix prévu et le prix actuel soient hors de proportion.

Mais il est extrêmement délicat de dire quand le prix prévu se trouve hors de proportion avec le prix réel. Il peut paraître que la proportion des sept dou-

1. Cf. au sujet de la spéculation, Bruzin, *Essai sur la notion d'imprévision et sur son rôle en matière contractuelle.* Thèse Bordeaux, 1922, p. 355 sq.

zièmes, indiquée par l'article 1674 du Code civil, puisse servir de base à l'évaluation du dommage nécessaire pour faire résilier ou modifier le contrat. Mais il est ici encore impossible de donner une règle générale; l'importance du marché, la quantité de livraisons qui doivent encore être effectuées, la situation de celui qui demande la révision de son obligation, sont autant de facteurs qu'il importe de prendre en considération pour apprécier si la charge imprévue est réellement devenue trop lourde. Il y a donc lieu de laisser au juge un large pouvoir d'appréciation du taux d'augmentation à appliquer dans chaque affaire (1).

1. Nous devons indiquer, comme intéressant la théorie de l'imprévision, une disposition du décret du 28 juin 1921, promulguant les cahiers des charges types pour les concessions de distributions d'énergie électrique. L'article 11 des ces cahiers des charges stipule :

Article 11. Les prix auxquels le concessionnaire est autorisé à vendre l'énergie électrique ne peuvent dépasser les maxima suivants :...

Ces tarifs maxima de base s'entendent d'une situation économique conventionnellement caractérisée par la valeur 130 de l'index économique basse tension (100 pour la haute tension) fixé par le ministre des Travaux publics, d'après les prix des houilles et de la main-d'œuvre.

Dans le cas où la valeur de l'index économique basse tension (ou haute tension) s'écarterait par excès ou par défaut de plus de 10 o/o de la valeur caractéristique 130 (100 pour la haute tension) il serait pendant la période correspondante, ajouté aux tarifs maxima de base (ou retranché de ces tarifs) un terme correctif donné par la formule : T =...

RÉVISION DES TARIFS. — Le terme correctif sera révisé périodiquement à la demande soit de la commune, soit du conces-

Enfin, la théorie de l'imprévision ne peut s'appliquer qu'à des contrats conclus à un moment où un homme normalement informé ne pouvait pas prévoir la cause des variations dont il est victime. On ne pourrait, par exemple, appliquer notre théorie à une convention conclue en 1919 et exécutable pendant les années suivantes; il n'était alors pas besoin d'être grand clerc pour prévoir dans le prix

sionnaire, *cette révision ayant pour objet de maintenir les tarifs en harmonie avec les charges de l'entreprise, suivant les variations des circonstances économiques générales du pays...»*

L'index économique électrique est établi sur des chiffres différents pour la haute et la basse tension, mais le principe est le même. Cet index, pouvons nous lire en note au *Journal officiel* (20 juillet 1921, p. 8394, col. 3, note 4) sous l'article 11 du cahier des charges, « est un nombre qui, pour représenter conventionnellement la situation économique, est calculé en ajoutant au prix de la tonne de houille, ou en retranchant de ce prix, un autre nombre N, qui varie lui-même avec le prix de la main-d'œuvre.

« Le prix de la houille est établi périodiquement par région par le ministre des Travaux publics, d'après le cours et la qualité des combustibles, et après avis du comité d'électricité.

« Le nombre N, relatif à la main-d'œuvre, se calcule comme suit : pour chaque période, le ministre des Travaux publics constate, après avis du comité d'électricité, le salaire horaire moyen par agent pour l'ensemble du territoire, et ce salaire est comparé au salaire horaire moyen de l'année 1918.

« S'il résulte de cette comparaison entre les deux salaires moyens constatés une différence de t o/o, le nombre N est pris égal à o.60 t.

« Si le salaire moyen est supérieur à celui de 1918, qui est pris comme base de comparaison, le nombre N est ajouté au prix de la houille; si ce salaire est inférieur à celui de 1918, ce nombre N est retranché du prix de la houille. »

Pour permettre aux concessionnaires et aux concédants de

des marchandises la possibilité d'importantes variations (1).

En résumé, la théorie de l'imprévision ne peut
s'appliquer qu'aux contrats à long terme, conclus
à un moment tel qu'ils devaient pouvoir s'exécuter
normalement, et rendus trop onéreux par un événement imprévisible.

Telle est donc, à notre opinion, et en tenant rigoureusement compte des restrictions que nous venons
de formuler, la voie dans laquelle le législateur,
poursuivant l'œuvre déjà commencée par la jurisprudence du Conseil d'Etat et le vote de la loi Faillot, pourrait s'engager pour réaliser, autant que faire
se peut, le bien commun.

calculer aisément les modifications à apporter aux tarifs en
fonction de l'index économique, l'annotateur officiel leur pro-
pose la formule :

$$T = n (I - 13o)$$

Dans laquelle I représente l'index économique et n un coeffi-
cient particulier, établi selon les conditions propres à chaque
entreprise.

C'est donc à une *variation de 10 o/o* de l'Index économique
que correspondra une modification des tarifs. Mais nous nous
trouvons en face d'une variation indéterminée dont l'éventualité est prévue, et d'une stipulation expresse qui fait état de
la possibilité de cette variation. C'est pourquoi le chiffre est
de beaucoup inférieur à celui que nous indiquons au texte, et
qui correspond à une variation imprévue des circonstances
économiques et à une révision non stipulée du contrat. Ce
chiffre des 7/12 est d'ailleurs très fort, et pourrait, sans aucun
doute, être fortement réduit en bien des circonstances.

1. Cette solution de pur bon sens est d'ailleurs conforme à la
jurisprudence du Conseil. d'Etat. Cf. les conclusions de M. Corneille, sous *Cons. d'Et.*, 4 janvier 1922, *Duros, Rev. du Droit
public*, 1922, p. 531, et 15 février 1922, *Brasseur, id.*, p. 534.

Cependant, il ne paraît pas que l'on doive prendre pour exemple la méthode adoptée par le législateur français pendant la dernière guerre, tant pour les marchés à livrer que pour les baux à loyer. On s'est alors confiné dans les mesures particulières; on a voulu régler les détails, les exceptions; et comme nous avons le triste privilège de vivre en un temps où la stabilité économique et même sociale n'est qu'un souvenir ou une lointaine espérance, émettre des prescriptions particulières oblige ensuite à revenir indéfiniment sur le même sujet pour régler chaque situation nouvelle ou oubliée. L'œuvre législative devient alors confuse, parfois contradictoire; les justiciables ne la comprennent pas, et les hommes d'affaires peuvent y trouver des arguments en faveur de n'importe quelle thèse, tandis que les juges n'arrivent pas à démêler une idée directrice; d'où, grandes variations entre diverses solutions d'espèces analogues.

Ce n'est donc pas une série de lois particulières qui devrait être élaborée, mais un principe général de Droit qui devrait être proclamé, sous forme, par exemple, d'additions aux articles 1134 et 1148 du Code civil, et dont l'application serait confiée au juge dans les mêmes conditions que celle de l'article 1148 actuel (1).

1. Nous ne croyons pas, en effet, que la jurisprudence civile puisse jamais s'affranchir complètement du texte du Code —

Ce principe à insérer dans notre Code serait le suivant : les contrats pourraient être résolus ou modifiés lorsque les conditions suivantes seraient réunies :

1° Survenance d'un fait tel qu'un homme normalement informé n'ait pu le prévoir;

2° La survenance de ce fait doit être entièrement indépendante de celui qui s'en prévaut;

3° Ce fait rend les charges résultant de l'obligation en disproportion sérieuse avec celles qui avaient

ce qui serait dangereux pour les justiciables — et admettre la théorie de l'imprévision. Certains auteurs, cependant, ne sont pas de cet avis. Ainsi, M. Voirin, dans sa thèse extrêmement intéressante (*De l'imprévision dans les rapports de droit privé* p. 293) rappelle un certain nombre de cas où la Cour de cassation à admis les conséquences de notre théorie, mais sans en admettre le principe. C'est, dit M. Voirin, qu'on ne lui a jamais présenté ouvertement la théorie de l'imprévision; mais justement, si l'on a dû recouvrir notre théorie d'un certain « camouflage », selon l'expression imagée de M. Voirin, c'est sans doute parce qu'en l'état des textes il est réellement trop difficile de l'admettre franchement ; et l'existence même de ce « camouflage » nous montre clairement et que la théorie de l'imprévision correspond à une nécessité sociale, et qu'elle n'est pas conforme au Code ; il est curieux que, pour l'appliquer, la Cour de cassation se soit livrée à un subtil travail de construction juridique, tel que celui de M. Voirin nous indique (*op. cit.*, p. 294 et 295). Mais, nous croyons l'avoir montré, on ne peut fermement compter que la Cour de cassation interprétera toujours la loi avec autant de largeur ; il serait donc préférable, comme nous l'indiquons au texte, de compléter les dispositions légales et ainsi non seulement de permettre aux juridictions civiles et commerciales d'appliquer la théorie de l'imprévision, mais encore de les y obliger.

pu être normalement prévues au moment de la conclusion de la convention.

Toute la réforme consisterait donc à ajouter à la fin de l'article 1134 du Code civil que « *la clause* REBUS SIC STANTIBUS *est toujours sous-entendue dans les conventions* » et à la fin de l'article 1148 que « *la survenance d'un fait normalement imprévisible au moment de la conclusion du contrat est réputée cas de force majeure, lorsque ce fait rend l'exécution de l'obligation trop lourde ou trop onéreuse* ».

Ce serait donc reconnaître le principe de la non-indemnité pour manque d'exécution au cas de variations économiques graves. Mais il ne faut pas penser que supprimer un contrat, c'est supprimer en même temps tous ses effets fâcheux; ce n'est que supprimer certains d'entre eux; parfois même, la suppression aggraverait les effets malheureux de la convention. Voici, par exemple, un industriel qui a reçu une commande d'une marchandise spéciale au prix de 500 francs la tonne; par suite de faits nouveaux, alors que cette marchandise est en cours de fabrication, son coût de production monte à 850 francs par tonne; si on résilie purement et simplement le contrat, en vertu du principe que nous avons énoncé, cet industriel perdra 850 francs par tonne au lieu d'en perdre 350. Il est bien évident qu'une telle application de notre principe serait déplorable.

A côté de la résolution pour survenance de faits imprévisibles, il faudrait donc donner au juge d'autres possibilités. Il faudrait tout d'abord lui donner mission de chercher à concilier les parties, si faire se pouvait : un accord amiable est toujours préférable à un arbitrage, pour équitable que soit celui-ci. Ce ne serait que faute de cet accord amiable que le juge serait appelé à se prononcer. Pour cela, il devrait chercher avant tout à déterminer d'une manière aussi objective que possible ce qui était ou non prévisible au moment de la convention. Cette détermination peut avoir lieu, surtout à l'heure actuelle, grâce aux renseignements fournis par les statistiques, la presse, les cours de bourse et tous les multiples moyens d'information dont nous disposons. On peut ainsi arriver à se représenter à peu près exactement ce qu'une personne ordinaire pouvait normalement prévoir à un moment déterminé (1).

Cette prévision moyenne étant établie, le juge pourra-t-il admettre qu'un grand commerçant ou un grand industriel ait des données plus précises qu'un boutiquier ou qu'un petit artisan ? C'est là une voie périlleuse; il serait extrêmement dangereux de permettre au juge d'apprécier ce que, dans chaque cas, tel ou tel pouvait prévoir; ce serait lui permettre l'appréciation d'un fait purement subjectif,

1. Bruzin, *Essai sur la notion d'imprévision et sur son rôle en matière contractuelle*. Th. Bordeaux, 1922.

que nul ne peut connaître; à l'erreur possible du contractant, on ajouterait l'erreur probable du juge. Aussi, nous ne croyons pas que l'on puisse motiver un jugement en disant que C... ou R... « industriels avisés, ne pouvaient ignorer... (1) ». Si l'on invoque la théorie de l'imprévision, un tel motif accepterait comme démontré justement ce qui serait à démontrer.

D'après nous, le juge devrait donc chercher à connaître objectivement ce qui était prévisible au moment de la conclusion de l'accord; et chaque fois qu'un événement pourra être réputé avoir été imprévisible à un moment donné, pour un homme raisonnable, le principe de l'imprévisibilité devra s'appliquer à tous ceux qui l'invoqueront pour des faits remontant à l'époque dont il s'agit. A moins, cependant, que le co-contractant ne fournisse la preuve qu'*en fait*, son adversaire avait prévu; il aurait alors à démontrer que son adversaire s'est livré à une spéculation dont il doit supporter l'aléa. Cela nous paraît préférable à la doctrine d'après laquelle, en chaque espèce, le juge aurait à tenir compte de toutes les contingences individuelles des plaideurs. Cependant, comme nous venons de l'indiquer, le juge devrait tenir compte des circonstances de fait pro-

1. Com. Seine, 16 déc. 1919. D. P. 1920.2.33, 1re espèce ; Com. Romans, 19 mars 1920, confirmé par Grenoble, 12 oct. 1920. D. P. 1921.2.43.

près à chaque cause pour choisir une solution au litige qui lui serait soumis : annulation pure et simple de la convention, ou modification du contrat basée sur les variations économiques constatées.

En cas de résolution du contrat, il ne nous paraîtrait pas désirable que le juge pût prononcer des dommages-intérêts, à moins de mauvaise volonté flagrante de l'une des parties. En ce cas exceptionnel, les dommages constitueraient une sorte de pénalité, mais ne pourraient dépasser le montant des bénéfices qui avaient pu normalement être envisagés au moment de la conclusion de l'accord. Naturellement, la conciliation ou la modification du contrat par le juge ne pourraient en aucune manière entraîner des dommages-intérêts : ce serait absolument contraire à la théorie que nous avons soutenue au cours de cet ouvrage.

*
* *

Il est bien certain que l'adoption de tels principes causerait de graves perturbations dans nos mœurs juridiques. C'est pourquoi, et nous ne craignons pas d'insister encore sur ce point, la théorie de l'imprévision demanderait à être mise en œuvre avec une très grande prudence. Elle contient, nous en sommes convaincus, un fond d'extrême équité et de justice qui devrait passer dans notre Droit ; mais il ne faut pas se faire trop d'illusions ; nous devons reconnaître qu'une théorie juste et équitable est difficile à appliquer lorsqu'elle heurte les principes généralement reçus; et la théorie de l'imprévision est contraire à beaucoup de nos préjugés. Par cela seul, elle pourrait être de nature à faire naître bien des contestations et des procès, ce qui serait contraire à son but essentiel qui doit être de coopérer au maintien de la paix sociale.

De plus, elle peut présenter un autre inconvénient extrêmement sérieux: celui de donner au juge le pouvoir de se substituer aux parties, de faire en quelque sorte la loi — puisque « les conventions légalement formées sont la loi des parties », — au lieu de l'appliquer. Le pouvoir ainsi donné au juge du fait sur la solution des espèces et la fortune des justiciables serait donc très grand, trop grand même. Car, on le sait, dans l'atmosphère des prétoires, la Justice et l'Équité perdent facilement leur caractère d'impartiale sérénité pour devenir du Droit, c'est-à-dire une série de principes utilitaires, ou du moins déclarés tels. Il ne faut pas s'en étonner; le juge, l'avocat, ont trop souvent le sens humain émoussé par les préoccupations juridiques de leur intelligence; trop souvent, pour eux, le texte de la loi écrite existe seul, et ils oublient que le monde contient bien plus de choses que n'en contiennent les lois. C'est pourquoi, cette réforme de la loi, pour être tout à fait réalisable pratiquement, en supposerait sans doute une autre:

celle du juge lui-même, auquel il faudrait donner le sens de l'utilité sociale autant que la science du Droit et de la loi écrite, chez lequel il faudrait chercher à empêcher la déformation professionnelle qui le pousse à ne considérer les choses qu'au point de vûe du Code — et hélas ! trop souvent au point de vue de la lettre même du Code, nous en avons cité des exemples. — C'est là un problème difficile à résoudre, et de la solution duquel dépend en grande partie, nous semble-t-il, la marche du Droit de la subjectivité vers l'objectivité. C'est pourquoi nous ne pouvons terminer cette étude sans l'indiquer.

Enfin, notre réforme se heurte à une croyance encore bien trop profondément enracinée dans le cœur et l'esprit de nos contemporains : la foi dans leur autonomie, dans leur souveraineté individuelle. Et il faut bien reconnaître que permettre à un juge, prenant ses décisions au nom de la société, de reviser les contrats conclus entre particuliers, c'est instituer une sorte de tutelle de la société sur l'individu. Si, pendant une période de crise aiguë comme la guerre, on a accepté une telle législation, c'est qu'elle n'était qu'une chose extraordinaire entre beaucoup d'autres; mais, survenant au milieu du train ordinaire de la vie, cette même législation serait-elle acceptée sans murmures ?

Nous sommes, pour notre part, intimement convaincus que les hommes auraient grand tort de re-

pousser le progrès juridique que représente la théorie de l'imprévision; mais, dans les circonstances
actuelles, sa réalisation intégrale serait peut-être trop
difficile pour qu'on puisse franchement la souhai-
ter. C'est une idée à laquelle il faut que les gens
d'affaires, les magistrats, les avocats, la masse enfin,
puissent s'habituer peu à peu avant d'entrer dans
le domaine courant de la vie pratique. C'est un
besoin qu'il faut faire naître, un désir qu'il faut pro-
voquer. Aussi, pour notre part, nous serons heureux
si nous avons su rendre communicative notre intime
conviction de la justice et de l'utilité sociale de la
théorie de l'imprévision.

Montpellier, le 29 novembre 1923
Le Président
R. DE NESMES-DESMARETS

Vu, le 10 décembre 1923
Le Doyen,
M. MOYE

Vu et permis d'imprimer
Montpellier, le 11 décembre 1923
Le Recteur
JULES COULET

BIBLIOGRAPHIE

Anselme. — Du respect de la légalité en cas de péril national (*Revue critique de Législation et de Jurisprudence*,
1910, XXXIX, p. 529).

Barthélémy. — Le Droit public en temps de guerre. Les rapports entre les pouvoirs publics et le commandement
militaire (*Revue. du Droit public*, 1917, p. 146).

Berthélemy. — Traité élémentaire de Droit administratif.
Communes et gaziers (*Revue politique et parlementaire*, 1917, XCII, p. 23).

Blum. — Conclusions, *Rec. Sirey*, 1911.3.1.

Boivin-Champeaux, Hannotin, Mornard et Larnaude. — Con-
sultation pour le Syndicat professionnel de l'industrie
du gaz (*Revue générale d'Administration*, 1916, t. III,
p. 233).

Bomsel. — La théorie de l'imprévision en droit civil français.
Thèse Paris, 1922.

Bozon. — La question des cheptels. Limoges, 1922.

Brunet. — La guerre et les contrats. Thèse Aix, 1917.

Bruzin. — Essai sur la notion d'imprévision et sur son rôle en
matière contractuelle. Thèse Bordeaux, 1922.

Capitant. — Note D. P. 1917.2.33.

Chardenet. — Conclusions, *Rec. Sirey*, 1916.3.1.

Charmont. — Les analogies de la jurisprudence administrative
et de la jurisprudence civile (*Revue trimestrielle de
Droit civil*, 1906, p. 813).

Colin. — Rapport à la Cour de cassation (*Gazette du Palais*,
1921, I, p. 622).

Corneille. — Conclusions (*Revue du Droit public*, 1918, p. 242).

Cruveilhier. — Les concessions d'éclairage (*Revue générale
d'Administration*, 1898, 142).

Demogue. — Des modifications apportées aux contrats par
volonté unilatérale (*Revue trimestrielle de Droit civil*,
1907, p. 24).

Demolombe. — Des contrats, t. I et IV.

Duguit. — Les transformations du Droit public, Colin, 1921.

— Les transformations générales du Droit privé depuis le Code Napoléon, 2ᵉ édit. Alcan, 1920.

— Le Droit social, le Droit individuel et la transformation de l'Etat, 3ᵉ éd. Alcan, 1922.

— Traité de Droit constitutionnel, t. I, 1921.

— Le Conseil d'Etat et l'affaire du Gaz de Bordeaux (*Revue politique et parlementaire*, 1916, t. LXXXVII, p. 264).

Durckheim. — De la division du travail social.

Duthoit. — Liberté du contrat et tradition chrétienne.

Faillot (loi). — Exposé des motifs. Avis du Comité de Législation commerciale (*J. O., Doc. parl., Chambre des députés*, p. 565). Analyse et critique. D. P. 1918.4.264.

Fyot. — Essai d'une justification nouvelle de la théorie de l'imprévision à l'égard des contrats portant sur des objets autres qu'une somme d'argent. Thèse Dijon, 1921.

Galinier. — Le régime des loyers depuis 1914, et l'évolution du Droit. Thèse Montpellier, 1922.

Garnier et Dauvert. — Le concessions de gaz et d'électricité dans la jurisprudence administrative.

Gauducheau. — Le concessionnaire de service public et l'autorité concédante. Thèse Rennes, 1912.

Gueullette. — Des effets juridiques de la guerre sur les contrats. Thèse Paris, 1918.

Guibal (Louis et Jean). — La fixation définitive de la législation sur les loyers (*Les Lois nouvelles*, 1922, I, p. 113).

Hauriou. — Principes de Droit administratif.

— Notes au *Rec. Sirey*, notamment : 1894.3.1 ; 1902.3.17 ; 1902.3.75 ; 1904.3.49 ; 1910.3.11 ; 1914.3.65 ; 1916.3.1 ; 1917.3.25 et 38.

Le Conseil d'Etat et l'affaire du gaz de Bordeaux (*Revue politique et parlementaire*, 1916, t. LXXXVIII, p. 40).

Hérard et Sirey. — Les canalisations électriques.

Hugueney. — Note *Rec. Sirey*, 1921.1.193.

Jèze. — De la responsabilité des patrimoines administratifs (*Revue du Droit public*, 1916, p. 176).

— Notes, *id.*, 1918, p. 219 et 1920, p. 255 et 414.

Lapeyre. — De l'imprévision dans les marchés passés par les Sociétés de gaz et d'électricité. Thèse Poitiers, 1923.

Larombière. — Droit civil, titre III, nº 53.

De La Taste. — La crise économique et les services publics concédés. La jurisprudence du Conseil d'Etat (*Revue politique et parlementaire*, 1920, CV, p. 424).

Lebon. — La guerre et les contrats (*Revue politique et parlementaire*, 1916, t. LXXXVII, p. 161).

Louveau. — L'imprévision en Droit civil et administratif. Thèse Rennes, 1920.

Maury. — Essai sur le rôle de la notion d'équivalence en Droit civil français. Thèse Toulouse, 1919.

Morel. — Note sous Conseil d'Etat, 8 février 1918 (*La Loi*, 3 et 4 avril 1918).

Morin. — La révolte des faits contre le code.

Perrin. — De la réductibilité des obligations excessives. Thèse Paris, 1905.

Pilon. — Des monopoles communaux. Thèse Caen, 1899.

Renard. — De l'enrichissement sans cause en droit français. Thèse Montpellier, 1920.

Riboulet. — Conclusions (*Recueil des Arrêts du Conseil d'Etat*, 1912, p. 771).

Rolland. — La question des loyers et l'intervention du législateur (*Revue du Droit public*, 1915, p. 719).

— La loi sur les loyers et le Droit public, *id.*, 1918, p. 255.

Romieu. — Conclusions (*Recueil des Arrêts du Conseil d'Etat*, 1907, p. 514).

Saint-Marc. — L'imprévision dans les contrats administratifs. Thèse Paris, 1918.

Serbesco. — La clause *rebus sic stantibus* (*Revue trimestrielle de Droit civil*, 1917, p. 349).

De Tarde. — L'idée de juste prix. Thèse Paris, 1906.

Valabrègue. — Conclusions (*Recueil Sirey*, 1894.3.1).

Valéry. — Note Gazette du Palais, 1921.

Voirin. — De l'imprévision dans les rapports de Droit privé. Thèse Nancy, 1922.

Wahl. — La guerre considérée comme force majeure; spécialement en matière de vente de marchandise (*Revue trimestrielle du Droit civil*, 1915, p. 395.

— Note *Recueil Sirey*, 1916.1.18).

TABLE DES MATIÈRES

— 156 —

Imprimerie Jouve et Cie, 15, rue Racine, Paris. — 6137-24

www.ingramcontent.com/pod-product-compliance
Ingram Content Group UK Ltd.
Pitfield, Milton Keynes, MK11 3LW, UK
UKHW021256180726
13837UKWH00007B/459